职业教育新能源汽车专业"十三五"规划教材

新能源汽车电机及控制系统检修

主　编　吕冬明　杨运来
副主编　罗健章　刘　波
主　审　吴书龙

机械工业出版社

本书包括4个学习项目，分别介绍了新能源汽车高压电驱动系统、驱动电机的结构与检修、电机控制器的结构与检修、电驱动能量传递和热管理系统。本书注重理实一体和案例解析导入，实用性强、贴合企业工作实际。

本书既可作为职业院校新能源汽车、汽车维修等相关专业的教学用书，也可作为汽车维修企业的培训资料，还可作为对新能源汽车感兴趣的大众读者了解新能源汽车高压电驱动系统的参考读物。

图书在版编目（CIP）数据

新能源汽车电机及控制系统检修 / 吕冬明，杨运来主编. —北京：机械工业出版社，2018.6（2025.1 重印）
职业教育新能源汽车专业"十三五"规划教材
ISBN 978-7-111-60286-6

Ⅰ.①新… Ⅱ.①吕… ②杨… Ⅲ.①新能源-汽车-驱动机构-控制系统-职业教育-教材 Ⅳ.① U469.703

中国版本图书馆 CIP 数据核字 (2018) 第 140115 号

机械工业出版社（北京市百万庄大街22号　邮政编码100037）
策划编辑：杜凡如　徐　霆　　责任编辑：杜凡如　徐　霆
责任校对：樊钟英　　　　　　封面设计：马精明
责任印制：郜　敏
中煤（北京）印务有限公司印刷
2025年1月第1版第24次印刷
184mm×260mm · 11.25 印张 · 265 千字
标准书号：ISBN 978-7-111-60286-6
定价：35.00元

电话服务　　　　　　　　　网络服务
客服电话：010-88361066　　机　工　官　网：www.cmpbook.com
　　　　　010-88379833　　机　工　官　博：weibo.com/cmp1952
　　　　　010-68326294　　金　书　网：www.golden-book.com
封底无防伪标均为盗版　　　机工教育服务网：www.cmpedu.com

职业教育新能源汽车专业"十三五"规划教材指导委员会

主任

郑丽梅　全国机械教育教学指导委员会

副主任

（排名不分先后）

陈旭明　比亚迪汽车工业有限公司
吴立新　行云新能科技（深圳）有限公司
朱　军　中国汽车工程学会应用与服务分会
韩建保　北京理工大学机械与车辆学院
张珉豪　国家开放大学福建分院
李春明　长春汽车工业高等专科学校

委员

（排名不分先后）

吴书龙	申荣卫	董铸荣	朱文韬	文爱民	戴良鸿
占百春	姚博翰	吴东平	向　东	阙广武	朱汉楼
陆春其	谢可平	张文华	李正国	王立刚	王　蔚
单立新	张利军	简玉麟	曾　鑫	陈署红	李志国
陈文军	毛行静	陈道齐	葛长兴	陈　胜	刘亚青
虞伟良	蒋振世	王福忠	陈其生	黄文进	蒋志伟

职业教育新能源汽车专业"十三五"规划教材编委会

主审

吴书龙　江苏联合职业技术学院（无锡汽车工程分院）

主编

吕冬明　机械工业教育发展中心
杨运来　江西环境工程职业学院

副主编

罗健章　顺德区中等专业学校
刘　波　广西机电职业技术学院

编写成员

（排名不分先后）
李丕毅　上海交通职业技术学院
袁煜材　东莞市技师学院
崔小强　东莞市技师学院
朱　永　广州市高级技工学校
许　媛　江苏汽车技师学院
杨正荣　贵州装备制造职业学院
焦其彬　蚌埠科技工程学校
张瑞民　成都汽车职业技术学校
冉成科　湖南机电职业技术学院
徐艳民　广东机电职业技术学院
吴志强　汉中职业技术学院
付　宽　汉中职业技术学院
罗文彩　武汉市仪表电子学校

序

2015年，我国新能源汽车的产量超越美国，成为世界第一大新能源汽车生产国，如今新能源汽车的保有量也已经突破百万辆的级别。随之而来将是新能源汽车后市场的迅速崛起，面对这样的局面，我国新能源汽车后市场将会面临深刻变化，如何快速培养新能源汽车前后市场的技术技能人才使之与汽车技术的发展相适应，已经成为刻不容缓的紧迫任务。

行云新能科技（深圳）有限公司在全国机械教育教学指导委员会的指导下，依托深圳比亚迪汽车的技术支持，近年来面向汽车职业教育开展了一系列新能源汽车的竞赛和教师培训工作，在推动我国汽车职业教育向新能源汽车转型方面取得了丰硕成果。去年应吴立新总经理的邀请，在深圳参加了由机械工业出版社牵头、行云新能组织、比亚迪汽车技术支持、全国数十所中高职汽车职业院校老师参与的新能源汽车职业教育教材的编写启动会议，确定了以工作任务为主线、以教会学生如何工作为目标、以国内新能源汽车技术的领跑者比亚迪汽车为基础的教材编写工作。在那次会议上，我向与会老师们介绍了中国汽车工程学会与中国职业教育技术学会合作成立的中国汽车职教集团提出的：新能源汽车专业的课程设置可以我国新能源汽车发展技术路线中"三纵三横"为基础构建新能源汽车专业课程体系，以教学实验导入的新能源汽车专业知识体系，以工作任务导入的新能源汽车实训技能体系的思路。

一、新能源汽车专业课程体系的构建依据

我国新能源汽车发展以"三纵三横"为技术路线。"三纵"是指纯电动、插电式混合动力以及氢燃料电池三种新能源汽车。"三横"是指电机、电池、电子控制三大核心系统。"三纵三横"既包括了我国定义的三种新能源汽车，又包含了新能源汽车的关键核心技术系统。因此，职业教育新能源汽车专业可以"三纵三横"为基础来构建新能源汽车专业的课程体系。这就是说，首先新能源汽车课程要讲清楚纯电动、插电式混合动力以及氢燃料电池三种汽车的整体结构原理及维修诊断方法。其中结构原理可以在新能源汽车概论中加以阐述，而纯电动汽车、插电式混合动力汽车和氢燃料电池汽车还应有实训工作页完成实操作业教学。另外还要讲述电池、电机及电子控制三个关键系统的结构原理和维修诊断，通常有驱动电机及控制系统、动力电池及管理系统、新能源汽车充电系统的结构原理和维修诊断实训工作页教学。这就是以"三纵三横"为基础来构建的新能源汽车专业课程体系。

二、新能源汽车专业教学方法探讨

相对传统能源汽车专业而言，新能源汽车专业最突出的特点是从机械工程向电气工程的转变，从热机向电机的转变，从燃料向电池的转变，这样的转变对于汽车职业教育专业而言更是学习思路从形象思维向逻辑思维的转变，大量的电气电子、电机电控、电池管理等控制问题与传统汽车发动机底盘机构的机械原理与控制相比更是抽象逻辑思维特征明显，这些将会成为新能源汽车专业在职业教育领域的教学难点。

因此我们提出要以教学实验的方法导入专业理论知识体系的教学思路，用形象的实验教学解决抽象逻辑分析不易理解的难点。这才是汽车职业教育面临新能源汽车挑战中最好的解决办法。因此,新能源汽车专业的理论知识必须基于实验方法进行教学设计,每个理论知识点的教学都应先设计出相应的实验教学平台,其课程体系应该完整地构建在相对应的实验设备平台之上。只有这样才能真正做到将抽象的理论知识教学变成形象的实验方式教学,使得学生能更好地理解新能源汽车专业理论知识,指导学生深刻认识并运用新能源汽车专业知识去解决新能源汽车在汽车前后市场的运用与实践问题。

几个月过去了,当我看到这套教材的初稿时,我欣慰看到这六本教材与工作页在新能源汽车"三纵三横"的课程设计中充分体现了教学实验导入的专业知识体系和工作任务导入的实训技能体系。这套教材在比亚迪汽车的技术支持下非常好地实现了以一个新能源汽车生产企业的主流车系完整实现新能源汽车"三纵"之中纯电动和插电式混动汽车两大实车教学平台的嵌入,加上比亚迪汽车独立自主的电池技术也很好地解决了"三横"之中核心部件电池技术教学内容的完成。以上这些特点正是这套教材编写的特殊之处。

随着新能源汽车在我国的迅速发展,职业教育必将承担起新能源汽车前后市场技术技能人才的培养重任。由于我国汽车工业"双积分"的实施,将会有更多的汽车制造企业加入到新能源汽车的生产行列之中,因此,传统汽车专业要开设新能源汽车技术的课程,形成传统汽车专业新能源方向的教学课程体系,而新能源汽车专业也不能断然抛弃传统能源汽车专业的核心课程。由于汽车能源正处在新老交替的历史阶段,新旧两种能源汽车还将在一定的时间段中共存,当下汽车职业教育既要培养传统能源汽车的技术技能人才,也要同时培养新能源汽车的技术技能人才,这就是当前我国汽车职业教育所面临的向"多课程、少课时"发展的必然结果。

我真心期待这套教材能够为我国汽车职业教育教学添砖加瓦,为新能源汽车教学锦上添花。也希望使用本教材的老师和同学们提出批评指正,让参加编写的老师们不断进步!当今的汽车职业教育老师正处在汽车新旧能源交替的时代,我们担负着"承前启后"的历史使命,我们为能够在这样一个时代从事汽车职业教育工作而自豪,也一定将为能够在这个时代倾力付出自己的所有而骄傲。我更希望汽车职业学校新能源汽车专业的同学们能够在中国新能源汽车走向世界的历史时代,为中国汽车工业的崛起做出自己应有的贡献,成就自己无悔的人生!

中国汽车工程学会汽车应用与服务分会 技术总监 朱军
二〇一八年一月

前言

随着新能源汽车技术的快速发展和国家政策扶持力度的增大，新能源汽车的生产制造与售后服务人员需求必将逐步增加，有些职业院校已经抓住了市场机遇，及时调整了专业培养方向，开设或准备开设新能源汽车技术专业。新能源汽车涉及很多全新的技术领域，而新能源汽车专业是很多职业院校正在积极建设的专业。但是目前市场上关于混合动力汽车、纯电动汽车维修方面的书籍很少，并且大多都是关于理论研究的。为了让更多人，特别是使用和维修新能源汽车的售后服务人员，对新能源汽车有更深入的了解，行云新能科技（深圳）有限公司作为一家专注新能源汽车专业教学整体解决方案开发与应用的企业，组织行业专家、课程专家及一线汽车品牌主机厂新能源汽车工程师等人员，与美国国家新能源培训联盟（NAFTC）合作，结合中国车系特点，以《比亚迪SOP维修技术规范》为实操标准，编写了这套职业教育新能源汽车专业"十三五"规划教材。

实战性强

基于大量的市场调查，本书80%以上的内容为新能源汽车的使用和维护方法，避免了现有新能源汽车教材内容偏设计制造技术导致的理论性太强的缺陷，使教材更贴近汽车维修企业实际工作及职业教育的特点。

适用性强

职业教育专家对本书的结构进行全面把控，使内容符合职业教育的特点，采用任务驱动结构编写，方便教材组合，可供新能源汽车专业方向的学生使用，也可供其他汽车专业方向学生学习新能源汽车知识和技能。本书涵盖了比亚迪、丰田等国内主流新能源汽车厂家的共性和差异，解决了品牌"地域性"问题。

配套资源丰富

立体化课程，配套资源包括教材、教学课件和配套试题等。整个课程的推进遵循以"教师手册"为指导，"任务实施"为引领，学生"教材"和教师"教学课件PPT"为参考，技能实操视频与教学实训设备相配套的总体原则。

本书全面系统地论述了新能源汽车电驱动系统的基础知识和必备信号测量技能，对新能源汽车电机、电机控制器等电气技术进行详细的讲解，同时注重图文结合，采用大量的实物图、结构图、电路图，配合文字讲解。

　　本书由机械工业教育发展中心吕冬明、江西环境工程职业学院杨运来任主编，顺德区中等专业学校罗健章、广西机电职业技术学院刘波任副主编，并由江苏联合职业技术学院（无锡汽车工程分院）吴书龙任主审。参与编写的还有李丕毅、袁煜材、崔小强、朱永、许媛、杨正荣、焦其彬、张瑞民、冉成科、徐艳民、吴志强、付宽、罗文彩等老师。

　　在本书编写过程中，引用了大量原厂手册及文献资料，在此，全体编者向所有原作者们表示衷心的感谢！

　　由于本书涉及内容较新，且编者水平有限，书中难免有不足之处，恳请相关领域专家和广大读者批评指正。

编　者

目 录

序

前 言

项目 1　高压电驱动系统

任务 1　高压电驱动系统的组成与识别 …………………………………………… 1
任务 2　高压互锁与绝缘检测 ……………………………………………………… 27

项目 2　驱动电机的结构与检修

任务 1　驱动电机的基本知识 ……………………………………………………… 39
任务 2　永磁同步驱动电机的结构与检测 ………………………………………… 57
任务 3　三相异步电机的结构与故障分析 ………………………………………… 84

项目 3　电机控制器的结构与检修

任务 1　电机控制器的基本知识与外部特征 ……………………………………… 109
任务 2　电机控制器的内部结构与检测 …………………………………………… 119

项目 4　电驱动能量传递和热管理系统

任务 1　电驱动能量传递系统 ……………………………………………………… 144
任务 2　电驱动热管理系统 ………………………………………………………… 155

参考文献 ……………………………………………………………………………… 167

项目 1

高压电驱动系统

项目描述

本项目共 2 个学习任务：
任务 1　高压电驱动系统的组成与识别。
任务 2　高压互锁与绝缘检测。

通过 2 个任务的学习，掌握高压组件的结构和功能；掌握高压互锁回路和绝缘监控回路；能够识别高压组件高压电路连接器接口定义；会进行高压线束的绝缘检测与更换；会高压回路的检测。

任务 1　高压电驱动系统的组成与识别

一、任务引入

新能源汽车上的大量高压组件一方面用于驱动车辆，另一方面用于执行一些舒适功能。这些组件的共同之处是均以高电压运行，因此进行维修时必须特别小心。在维修时一定要熟悉高压组件的结构，并且只有满足以下前提条件的维修人员才允许对带高电压标记的组件进行作业：具备资质、遵守安全规定、严格按照维修说明操作！

二、任务要求

知识要求：

- 掌握高压组件的结构和功能。
- 掌握高压电驱动系统的重要说明。

技能要求：

- 能够识别高压组件在实车的位置。

职业素养要求：

- 严格执行汽车检修规范，养成严谨科学的工作态度。
- 尊重他人劳动，不窃取他人成果。
- 养成总结训练过程和结果的习惯，为下次训练积累经验。
- 养成团结协作精神。
- 严格执行 5S 现场管理。

三、相关知识

1. 高压电气连接系统

混合动力汽车的驱动系统包括内燃机驱动系统和电驱动系统，而纯电动汽车仅使用电驱动系统。本章将介绍构成电驱动系统的相关部件，它们在混合动力汽车、插电式混合动力汽车和纯电动汽车中都有应用。

高压电气连接系统主要包含高压线束和连接器。整车故障报修中，电气连接系统有一定占比，成为高压系统中较为薄弱的一个环节。

在电气连接系统中，连接器的质量尤为重要，这成为保障电气连接安全可靠至关重要的因素，国内外的一些参考标准见表 1-1-1。

表 1-1-1　高压连接器相关标准

标准分类		标准编号	标准名称	备注
国外标准	国际电工委员会	IEC783	电动道路车辆的线束和连接器	
		IEC61851-2-1	电动车辆与交流/直流电源的连接要求	
	美国 SAE	USCAR-2	汽车电气连接器系统的性能标准	
		USCAR-37	高压连接器性能	USCAR-2 的补充
		SAEJ1772	电动车辆传导式充电连接器	
		SAEJ1742	道路车辆高压电气线束试验方法和一般性能要求用连接件	
	德国	LV215-1	高压连接器电气/电子性能要求	奥迪/大众/宝马/奔驰/保时捷
国内标准		GB/T 18487.1—2015	电动汽车传导充电系统　第 1 部分：通用要求	
		GB/T 20234—2015	电动汽车传导充电用连接装置	

连接器选型应用时，需要根据部件使用环境（如温度、湿度、海拔等）、安装条件（振动条件、体积结构、密封等级要求）、载流特性、成本核算等合理选择产品。对高压连接器的理想

期望为，产品安全防护等级较高、耐高温、大载流、低功耗、抗油脂、体积小、轻量化、长寿命周期且低成本。

1.1 高压连接器

新能源汽车无论是在充电时，还是在放电时，从电机电控、动力系统到快慢充电端口等都通过这个高压连接器连接在一起，给人的感觉就像是动物的神经系统一样，所以高压连接器是非常重要的。

高压连接器的应用范围非常广泛，如 DC、水暖 PTC 充电机、风暖 PTC、直流充电口、动力电机、高压线束、维修开关（MSD）、逆变器、动力电池、高压配电箱 (PDU)、电动空调、交流充电口等都需要用到高压连接器。

1.1.1 安全防护

连接器的安全防护主要指电气性能满足设计要求，如绝缘、耐压、电气间隙、爬电距离、防呆、防触指（端子周围加绝缘材料，高出端子高度或者端子加塑料帽）设计等符合规定要求。除了以上性能，应用时，需重点关注连接器 HVIL 和密封防护、EMC 性能。

（1）高压互锁（High Voltage Interlock）

高压互锁通过使用电气信号，可以确认高压系统连接的完整性，也可以作为盖板打开检测。

设计高压连接器时，应考虑插拔过程中的高压安全保护，如断开时，首先断开高压互锁，后断开高压端子；而接合时则相反。高压互锁在结构设计上一般有内置式和外置式（图1-1-1）两种，由于内置式结构紧凑、体积较小，目前使用普遍。高压互锁回路安装在高压端子之间。在应用中，部分内置式连接器缺少互锁装置的位置固定，如果连接器结构设计得不好，在某些恶劣的条件下，部分供应商的产品由于互锁装置位移会导致互锁信号的不连续性，给车辆调试及安全驾驶带来不必要的问题。

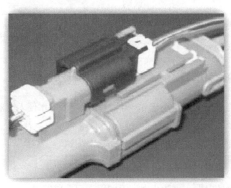
a）外置式

b）内置式

图 1-1-1　高压互锁

在实际使用的过程中，高压互锁回路主要通过信号（如电平、PWM 信号）注入法检测，失效模式主要考虑高压互锁电路故障：短路（包含对电源、对地短路，采用电平检测，存在系统可能无法正确判断的风险）或断路（产品需确保互锁装置不位移）。

另外，连接器选型设计时应考虑高压互锁装置接触电阻及线束回路电阻的影响，避免由于信号压降造成高压互锁检测失效。

知识链接

IP 是 Ingress Protection 的缩写,IP 等级是电气设备外壳对异物侵入的防护等级。

IP 等级由 2 位数字组成,第 1 位数字表示固态防护等级,范围是 0~6,分别表示对从大颗粒异物到灰尘的防护。

数字	防护范围	说明
0	无防护	对外界的人或物无特殊的防护
1	防止直径大于 50mm 的固体外物侵入	防止人体(如手掌)因意外而接触到电器内部的零件,防止较大尺寸(直径大于 50mm)的外物侵入
2	防止直径大于 12.5mm 的固体外物侵入	防止人的手指接触到电器内部的零件,防止中等尺寸(直径大于 12.5mm)的外物侵入
3	防止直径大于 2.5mm 的固体外物侵入	防止直径或厚度大于 2.5mm 的工具、电线及类似的小型外物侵入而接触到电器内部的零件
4	防止直径大于 1.0mm 的固体外物侵入	防止直径或厚度大于 1.0mm 的工具、电线及类似的小型外物侵入而接触到电器内部的零件
5	防止外物及灰尘	完全防止外物侵入,虽不能完全防止灰尘侵入,但灰尘的侵入量不会影响电器的正常运作
6	防止外物及灰尘	完全防止外物及灰尘侵入

第 2 位数字表示液态防护等级,范围是 0~8,分别表示对从垂直水滴到水底压力情况下的防护,数字越大表示能力越强。

数字	防护范围	说明
0	无防护	对水或湿气无特殊的防护
1	防止水滴侵入	垂直落下的水滴(如凝结水)不会对电器造成损坏
2	倾斜 15° 时,仍可防止水滴侵入	当电器由垂直倾斜至 15° 时,滴水不会对电器造成损坏
3	防止喷洒的水侵入	防雨或防止与垂直的夹角小于 60° 的方向所喷洒的水侵入电器而造成损坏
4	防止飞溅的水侵入	防止各个方向飞溅而来的水侵入电器而造成损坏
5	防止喷射的水侵入	防止来自各个方向由喷嘴射出的水侵入电器而造成损坏
6	防止大浪侵入	装设于甲板上的电器,可防止因大浪的侵袭而造成的损坏
7	防止浸水时水的侵入	电器浸在水中一定时间或水压在一定的标准以下,可确保不因浸水而造成损坏
8	防止沉没时水的侵入	可完全浸于水中的结构,实验条件由生产者及使用者决定

IP67 的解释是,防护灰尘吸入(整体防止接触,防护灰尘渗透);防护短暂浸泡(防浸)。目前在布线行业最高实现的是 IP68 级别。除此以外,工业连接器还有对温度、振动等其他恶劣环境的考虑因素。

(2)防护等级要求

高压连接器密封一般要求至少达到 IP67,在汽车一些特殊场合选型时甚至要求 IP6K9K,以保证即便在高压冲洗时也满足使用要求。

目前产品防护要求及验证方法主要参考 GB/T 4208—2017,把部件或连接器放置于水箱 1m 深处,以检测其防护等级 IP67 是否通过,但在实际使用中,这一点是否能模拟车辆的实际工况值得商榷。

如果产品全生命周期内可以保证密封性能,连接器密封在应用设计中,主要考虑以下几点:连接器和部件之间(主要涉及部件结构设计控制)、连接器和电缆之间(产品保证密封圈位置限位不移动及线束生产时控制装配准确性)、连接器公母端之间(产品结构工艺及装配的完整性)。

(3)电磁兼容性 EMC(Electro Magnetic Compatibility)

电磁兼容性是指设备或系统在其电磁环境中符合要求运行并不对其环境中的任何设备产生无法忍受的电磁干扰的能力。因此,EMC 包括两个方面的要求:一方面是指设备在正常运行过程中对所在环境产生的电磁干扰不能超过一定的限值;另一方面是指器具对所在环境中存在的电磁干扰具有一定程度的抗扰度,即电磁敏感性。

由于新能源汽车使用大量电力电子器件,高压和大电流产生的电磁场会对其他的通信设备产生电磁干扰,整车和零部件必须要有抗干扰和抗辐射的能力。

高压电气连接系统设计时,要求连接器具备 360° 屏蔽层,并有效地和电缆屏蔽层连接,屏蔽层覆盖整个连接器长度,以保证足够的屏蔽功能,并尽量减小屏蔽界面之间的电阻,在产品生命周期内,屏蔽连接接触电阻 < 10mΩ。对于由塑料制成的高压连接器,屏蔽须用金属面来实现。

1.1.2 连接器耐温、功耗

连接器(主要指其中的接触件)超过规定使用温度限值时,会因发热降低安全特性,甚至失效损坏。造成连接器温度升高的主要原因如下:

(1)环境因素

布置位置易受高温影响或处于热量集中的密封舱内,在避免不了其布置位置存在不利条件的情况下,选型时也需要对连接器的耐温进行考虑。

(2)连接器自身发热

影响因素主要为插合接触件的接触电阻功耗发热或压接不良。连接器电性能重要的衡量指标为连接器之间的接触电阻,接触电阻越小,则电压降越小,意味着电损耗越低,也意味着温升较低,连接端子可以获得较高的使用寿命。

接触件受热后将影响镀层,或在接触区域形成绝缘薄膜层,增大接触电阻,进一步加剧温升,形成恶性循环。

连接器受热超过限值,热失效严重时线束烧毁,且将导致绝缘材料产生化学分解,降低绝缘性能,严重时有可能出现连接器正负极柱间因绝缘材质热熔后击穿短路现象。

参照大众 VW80834 标准,连接器接触电阻不能超过的限值见表 1-1-2。

表 1-1-2　连接器接触电阻限值

电缆横截面积 /mm²	压接电阻		接触电阻	
	未使用过 /mΩ	老化后 /mΩ	未使用过 /mΩ	老化后 /mΩ
2.5	0.17	0.35	1.17	2.34
4	0.11	0.22	0.72	1.44
6.0	0.09	0.18	0.68	1.36
16	0.05	0.10	0.43	0.86
25	0.035	0.07	0.40	0.80
35	0.029	0.059	0.39	0.78
50	0.025	0.05	0.36	0.72

连接器线缆压接完整后，接触电阻计算公式：$R_{total}=R_{crimp1}+R_{contact}+R_{crimp2}$，如图 1-1-2 所示。

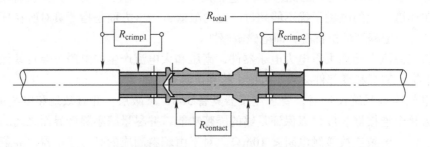

图 1-1-2　连接器接触电阻示意图

一般而言，线束压接外包给选配的连接器厂家代工，可以更好地保障连接器压接可靠性。实际应用中，连接器热失效大部分由于线束压接不良，如压接比率不足，导致飞边压接，或者压接比率过剩，导致压接不完全。

连接器的界面结构，如材质、镀层种类及它的纯度、厚度、几何形状等决定了连接器的性能，包括接触电阻、插拔力和插拔寿命。

高压连接器端子接触件结构主要有开片式、冠簧式、扭簧式等，不同的结构形式决定了电接触方式（面接触、线接触和多点接触），选用何种形式需要根据连接器的应用场合决定。对于经常插拔的连接器，根据并联分流原理，利用增加载流桥数量以达到降低接触电阻的目的。

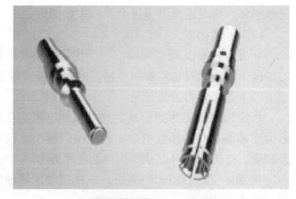

图 1-1-3　片簧插孔

片簧插孔（又称为花瓣式、开片式等）是第一代传统连接器（图 1-1-3），它是应用最为广泛的工业连接器端子。其制造工艺成熟，可以冲压制造，也可以用 CNC 车床加工，适用于一般工业连接领域。适用电流为 1～100A，插拔次数要求 50～100 次，片簧一般有 2～6 个簧片接触点。

冠簧插孔（又称为百叶窗式），如图 1-1-4 所示。它比第一代的片簧端子结构更复杂，母头从由一个零件增加到由两个零件组成，核心的接触弹片是精密冲压的百叶窗形状的栅栏，并且冲压成窄腰形状。它的特点是把接触点增加到十几到几十个，改善了连接的可靠性，延长了使用寿命，降低了阻抗，它可以适用的端子尺寸范围较广。

图 1-1-4　冠簧插孔

扭簧插孔是比上述片簧和冠簧插孔更新一代的连接方案，如图 1-1-5 所示。它的技术特点是在电流承载能力上达到或者超过其他类型的端子，并且在使用寿命上远远超过其他端子，可以满足使用寿命 2 万次，它适用于充电枪或充电插座。

图 1-1-5　扭簧插孔

连接器镀层一般选择接触电阻较低的银，不同厂家的产品镀层厚度各不相同（镀层太薄磨损厉害，镀层太厚附着力不足），选用时需考虑不同的适用场合，如室内/室外、是否需要频繁插拔等。比如充电连接器，实验室插拔试验可满足国标规定的 10000 次目标，但在户外实际使用条件下，首先，面临的环境条件比实验室恶劣（如潮湿、炎热、粉尘等）；其次，人员操作是否规范具有不确定性。若使用或维护不当，充电连接器局部镀层将磨损严重，出现"漏铜"现象，使用中将产生铜锈，导致有效的载流面/点减少。

另外，连接器选型应用中，还应关注连接器端子的结构形式，如插件端子以 90°直角连接，则应避免选用螺纹连接的结构形式。此种结构形式，螺纹齿纹配合精度要求非常紧密，但在螺纹加工以及线束装配过程中，无法避免不完全连接接触。尤其是大电流端子连接，长期使用中,端子螺纹齿口会由于局部过热,使连接器面临热失效风险。

1.1.3 连接器寿命、成本

对于连接器性能寿命要求,大众汽车标准中规定:乘用车开发项目必须保证全功能能力生命周期至少15年或300000km(≥8000h动作+30000h充电),商用车须保证至少15年或1000000km。

连接器选型过程,产品成本不应是第一考虑因素,只有在满足性能要求的基础上,降本增效才有可能,除非愿意以牺牲整车高压电气连接可靠性为代价。当然,也应避免为保证产品性能,在选型中对结构和规格过度选配,造成产品成本的提升。

1.2 高压线束

1.2.1 高压标记

每个高压组件的壳体上都带有一个标记,如图1-1-6所示。维修人员或车主均可通过标记接收高电压可能带来危险的警示。

图1-1-6 高压组件警告提示牌

有关标记的特殊情况是高压线束。由于导线可能有几米长,在一处或两处通过警告提示牌标记意义不大。维修人员可能会忽视这些标牌,因此用橙色(警告色)标记出所有高压线束。高压线束的插头以及高电压安全插头也采用橙色设计,如图1-1-7所示。

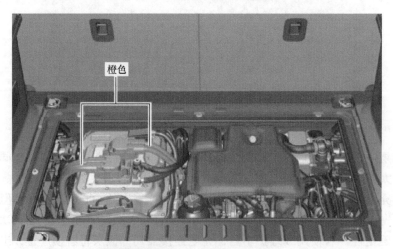

图1-1-7 高压线束的橙色标记

1.2.2 高压线束介绍

直流电缆组件由两根绝缘的高压线束组成,用来连接混合动力汽车或纯电动汽车的动力电池组和汽车的变频器,有多个专业名字,如高压线束、变频器电缆或高压线路总成。高压线束在新能源汽车中属于高安全件，所以高压线束的设计及布置至关重要，主要涉及线束走向、线径、高压连接器、充电口的类型和应用、屏蔽、高压线束固定、高压线槽以及高压互锁等。

高压线束的主要功能是在有电压和所需的安装环境下安全传递电流；对于高压电的安全准则必须遵守。高压线束应在机械和电气安全的情况下，以专业的施工方法将线束和所接部件（如高压配电盒、电机控制器、电机、辅助电源等）匹配。线束插拔或连接部分应预留出适当的长度，便于车辆装配，并且便于对部件进行定期维修。

在很多混合动力汽车中，直流电缆组件从汽车尾部（在这里与汽车的混合动力电池组相连接）一直延伸到车辆发动机舱盖下方的变频器上。大部分高压线束都位于汽车底盘下（夹在动力电池组和底盘之间），因此它能受到很好的保护，避免碰撞到路面带来的损坏。而纯电动汽车和一些插电式车辆安装的电池组要大得多，往往要延长到车辆前部的位置，所以其高压线束通常也会比混合动力汽车中的短一些。

尽管位于车辆底盘下的高压线束能够避免碰到道路上垃圾碎物而损坏，但它们并不属于承重结构。在将混合动力汽车或纯电动汽汽车置于升降机之前，技术人员应参考汽车厂家维修手册，以确定车辆的规定起吊点，并在举升车辆之前检查车辆和起吊位置，从而确保起重臂或吊板没有接触到高压组件。关于汽车厂家所规定的起吊点的信息在有些车主手册上也可以查阅到。

电池组和变频器之间的直流连接电缆还向汽车的 DC/DC 变换器供电，从而实现对 12V 辅助系统的供电，并在车辆通电（READY 为 ON）时对汽车的 12V 辅助电池进行充电。尽管 DC/DC 变换器的输出电压属于低电压，但仍旧将其看成是一种高压元件，因为它的输入端接入的是高压电。

（1）高压线束走向布置及划分类型

高压线束布置应注意以下事项：

1）布线方案应有助于避免不正确的安装和错误的线束路线。

2）走线应避免形成大的电磁环。

3）高低压平行走线间隔须足够，如果实际境况确实无法达到此要求，高低压需相互垂直走线。

4）车辆在发生碰撞情况下，须确保线束不会受到挤压，以防线束破裂造成短路。

布置高压线束，应尽可能地对线束进行保护，使线束与车体之间的相对运动最小化。宜采用具备绝缘性能的结构部件，如电缆夹、电缆槽等，使线束刚好放入光滑的电缆夹或电缆槽中。对用于布线、包装和定位线束用途的所有线束固定保护件（如卡箍、螺栓等）进行充分的保护，宜涂抹凡士林，防止腐蚀。所有连接器位置宜预留便于操作的空间，以便连接和断开。连接器与部件之间的连接应适当消除机械应力。

应避免电缆出现过小的弯曲半径。一般情况下，最小弯曲半径等于电缆外径的 5 倍。应避免接头中存在弯曲电线，否则，接头后部密封件中可能出现漏电通路。

对于车辆底部、轮舱溅水区，应特别注意水和道路磨料会损坏线束。溅水区中的连接器应进行装袋防护。注意保护所有高压线束，以防振动和磨损。因车辆的振动，应除去线束所接触的金属部件边缘的毛刺，对于凸缘、滚制处，使用合适的胶圈进行保护，且胶圈须固定牢靠。用于固定线束的电缆夹应稳固地连接至设备或框架结构以及线束上。线束应远离热源（如发动机排气管等），如不能满足要求，要保护所有线束，以抵抗辐射热源，宜采用阻燃隔热棉对线束进行包扎，或在线束附近增加隔热板处理。

同时由于高压已经超出人体安全电压，车身不可像低压系统一样作为整车搭铁点，直流高压电回路必须严格执行双轨制。根据高压线束的特性，我们一般以高压电器为中心对高压线束进行划分，可分为电机高压线束、电池高压线束、充电高压线束、暖风与空调高压线束等。

电机高压线束一般是连接控制器和电机的高压线；电池高压线束一般是连接控制器和电池的高压线；充电高压线束一般是连接充电机和控制器的高压线；暖风与空调高压线束一般是连接空调、PTC 和控制器的高压线束。

（2）高压线束特性

考虑到电磁干扰的因素，整个高压系统均由屏蔽层全部包覆。目前国内车型全部采用屏蔽高压线的方式，部分日系车将屏蔽网包覆在高压线外侧，插件处经适当处理从而屏蔽连接。电机、控制器及电池等接口高压线束屏蔽层，通过插件等压结构连接到电池、电机控制器壳体，再与车身搭铁连接。高压线的屏蔽对于电缆传导数据不是必需的手段，但是可减少或避免高压线的辐射。

高压线束耐压与耐温等级的性能远高于低压线束，其中，耐压性能：乘用车耐高压额定600V，商用车电压可高达1000V；耐电流性能：根据高压系统部件的电流量，可达250400A；耐温性能：耐高温等级分为 125℃、150℃和 200℃不等，常规选择 150℃导线；低温常规等级为 -40℃。

高压部件带有高压互锁人性化安全设计，贯穿整车所有高压组件，拆卸前必须先断开高压互锁结构才可执行拆卸操作，由 BMS、ECU 执行控制反馈。

（3）高压线束结构

高压线束结构如图 1-1-8 所示。高压线束从类型上分为单芯电缆和多芯电缆，而单芯电缆又有非屏蔽和屏蔽之分。

非屏蔽单芯电缆

屏蔽单芯电缆

图 1-1-8　高压线束结构

高压线束的截面应为圆形，其护套颜色为橙色。多芯电缆由多个单芯线组成，其中单芯线也同时满足单芯电缆中相关导体的结构尺寸参数要求。高压单芯电缆从结构上主要由导体和护套组成，主要结构尺寸参数有单根铜丝直径、根数、导体直径、绝缘直径、内护层直径和护套外径等。带屏蔽层的高压线束采用裸铜或镀铜线编织在内护套层上；在屏蔽层和外护套之间可以有一层附加的包带；电缆的外护套应紧密挤包，但不粘连屏蔽层。

1.3　高压插头

无论扁平还是圆形高压插头，松开或固定时都必须严格遵守规定顺序。

1.3.1　松开扁平高压插头

某些高压组件插头上有单独的高压互锁回路插头，在松开高压插头前，必须首先松开高压互锁回路插头，如图 1-1-9 所示。插头处于插入状态时使高压互锁回路闭合。如果通过松开高

项目 1　高压电驱动系统

压互锁回路插头使互锁回路断开，高电压系统就会自动关闭。这是一项附加安全措施，因为开始工作前维修人员已将高电压系统切换为无电压。

只有松开高压互锁回路插头后，才能向箭头方向推移机械锁止件，如图 1-1-10 所示。机械锁止件是高压组件（例如电机控制器）高电压插头的组成部分。向箭头方向推移锁止件可实现高电压导线上高压插头机械导向，从而进行接下来的拉拔。

现在可向箭头方向拔出高电压导线的插头，如图 1-1-11 所示。将插头拔出几毫米后（图中位置 A），可感觉到较大反作用力。此后必须向相同方向继续拔出插头（图中位置 B）。插头到达位置 A 后，切勿将插头重新压回高压组件上，这样可能会造成高压组件上的插头损坏。

重新连接高压导线时按相反顺序进行。图 1-1-12 展示了高压组件上高压插头的复杂结构，由此可以看出为何松开和安装高电压导线时必须加倍小心。

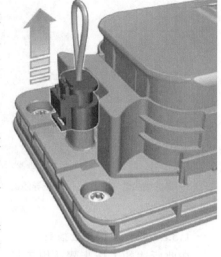

图 1-1-9　高压互锁回路插头

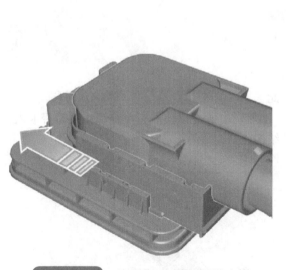

图 1-1-10　松开高压插头机械锁止件

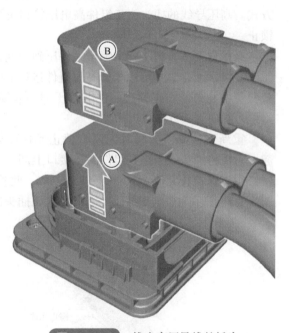

图 1-1-11　拔出高压导线的插头

温馨提示

必须分两步朝同一方向垂直拔出高压导线的高压插头。在拔出过程中不允许反向移动。

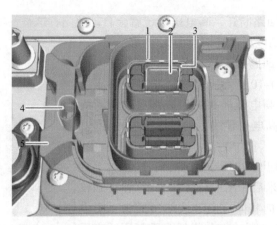

1—屏蔽线的电气触点　2—高压导线的电气触点　3—接触保护　4—机械锁止件　5—高压互锁回路的插孔

图 1-1-12　高压组件上的高压插座

1.3.2　松开圆形高压插头

在此所述的工作步骤适用于松开圆形高压插头。图 1-1-13 以某款纯电动汽车电机控制器上的高压接口为例展示了高压导线与电气加热装置的连接方式。高压导线的插头位于组件高电压接口上且已锁止。

必须向箭头方向将两个锁止元件压到一起，如图 1-1-14 所示。这样可以松开高压组件接口上的插头机械锁止件。在将锁止元件继续压到一起期间，必须沿纵向箭头方向拔出插头。

重新连接高压导线时无须将锁止元件压到一起，只需将插头纵向推到组件高压接口上即可。此时必须确保锁止元件卡入（听到咔嗒声）。此外，随后还应通过拉动插头检查锁止件是否卡入。图 1-1-15 所示为高电压导线上圆形高电压插头的结构。

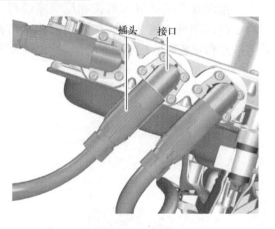

图 1-1-13　圆形高压插头

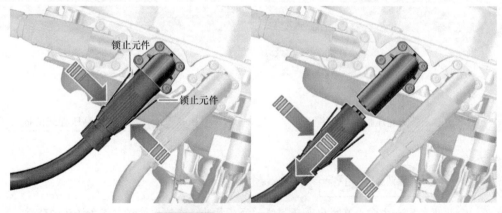

图 1-1-14　圆形高压插头拆卸方法

项目 1　高压电驱动系统

> **温馨提示**
>
> 如果维修时更换高压组件，组装时必须注意：按规定重新建立高压组件壳体与车辆接地之间的导电连接。必须严格遵守维修说明（紧固力矩等要求）。此外还必须由第二个维修人员检查维修工作（正确的紧固力矩和正确接触裸露金属）并在维修工单上进行书面记录。

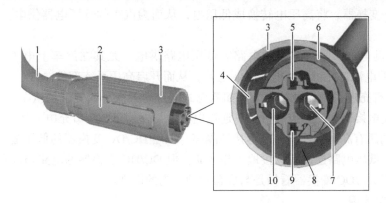

1—高压导线　2—锁止元件操作部位　3—外壳　4—锁止元件　5—高压互锁回路接口　6—用于屏蔽的接口
7—高压接口（DC，负极）　8—插头连接位置标记　9—高压互锁回路接口　10—高压接口（DC，正极）

图 1-1-15　圆形高压插头的结构

2. 高压电驱动系统的主要部件

混合动力汽车和纯电动汽车的电驱动部件基本相同，仅有一些微小的差异。无论是混合动力汽车、插电式混合动力汽车还是纯电动汽车，其高压电驱动系统通常都由以下几个部件组成（图 1-1-16）。

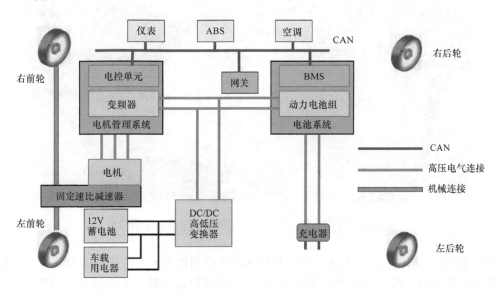

图 1-1-16　高压电驱动系统的主要部件

1）动力电池组或其他储能系统，为新能源汽车动力系统提供能量的装置。

2）变频器（电机控制器），实现动力电池组与电机间的直流、交流电转换，从而将电池组的电流导向汽车电机为其供能，以及在制动回收时控制电机感应电流向电池组充电；它是由控制信号接口电路、电机控制电路和驱动电路组成的。

3）电机，驱动汽车并给动力电池组充电（制动回收），将电能转换成机械能或将机械能转换成电能的装置；它具有能作相对运动的部件，是一种依靠电磁感应而运行的电气装置。

4）DC/DC 变换器，将高压电转换成低压电，从而为汽车的低压电器供电，为 12V 辅助电池充电。

5）12V 辅助电池，为汽车控制电路和低压电路供电。尤其在汽车上电（READY 为 ON）时，需 12V 辅助电池首先供电给低压控制电路，从而开启高压系统部件。

6）对于带有充电系统的电动汽车（如插电式混合动力汽车或纯电动汽车），它的电驱动系统还需要配有充电接口和充电控制器，以连接电池组与外部充电接口充电。

以上提到的所有高压部件均与底盘接地隔离。虽然 DC/DC 变换器的低压输出端口会与 12V 低压电路（12V 低压电路连接底盘接地）相接通，但 DC/DC 变换器的电路与底盘接地之间仍有间隔，所以仍将 DC/DC 变换器看做是与底盘接地隔离的部件。

2.1 动力电池组

电池必须存储有足够的电能容量，且总电势必须大，以产生足够的电流（通常为 100A 或以上）来驱动或支持其他部件驱动整车。

目前，多数传统混合动力汽车使用的是镍氢（NiMH）电池组作为动力电池，供电驱动整车。如图 1-1-17 所示是第三代普锐斯动力电池组安装位置。镍氢电池的额定电压一般为 1.20V 或 1.25V。

图 1-1-17　第三代丰田普锐斯动力电池组安装位置

部分传统混合动力汽车和几乎所有的插电式汽车使用锂离子电池作为动力电池，其能量密度高于镍氢电池包。图 1-1-18 所示为比亚迪 e5 动力电池组安装位置。锂离子电池种类繁多，且电压不大相同，但是通常额定电压都为 3.7V 左右。

项目 1　高压电驱动系统

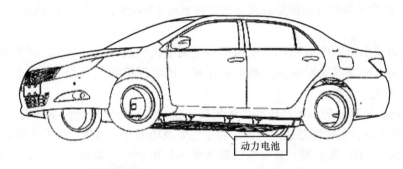

图 1-1-18　比亚迪 e5 动力电池组安装位置

动力电池的具体内容在《新能源汽车电池及管理系统检修》一书的相关章节进行详细讲述，在此不再赘述。

2.2　动力电池组充电接口

要给插电式汽车，如插电式混合动力汽车或纯电动汽车充电，需将充电电缆或充电机插入汽车的充电接口。该充电接口有两个高压充电端子和多个低压信号端子。信号端子同时向汽车和充电机报告充电枪是否插入了汽车，并报告充电机提供的最大电流以及汽车电池组可接收的最大电流。与传统交流充电（慢充）相比，有"快速直流充电"功能的汽车通常配有独立的快充电路和充电连接器。图 1-1-19 所示为比亚迪 e5 交流充电和直流充电的充电接口。具体内容在《新能源汽车电气技术》一书中进行详细讲述，在此不再赘述。

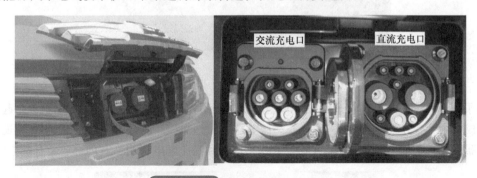

图 1-1-19　比亚迪 e5 充电接口

2.3　变频器

变频器将电池的直流电（DC）转换成交流电（AC）以给驱动电机供电。变频器也可将电机产生的交流电（AC）整流成直流电（DC）从而为汽车的动力电池组充电。

由于变频器控制电机输出，可视为一种电机控制器。"电机控制器"一词曾是此类装置的通用术语。然而，在今天"变频器"是汽车领域最常用的术语。美国汽车工程师学会（SAE）通用代码定义也使用术语"变频器"。常见品牌制造商使用的术语包括但不限于：

1）福特：变速器控制模块（Transmission Control Module）。
2）通用：驱动电机功率变频器模块（Drive Motor Power Inverter Module）。
3）现代：电机控制单元（Motor Control Unit）。
4）雷克萨斯：带变换器的逆变器总成（Inverter with Converter）。
5）梅赛德斯 - 奔驰：电力电子模块（Power Electronics Module）。

6）丰田：带变换器的逆变器总成或功率控制单元（Inverter with Converter or Power Control Unit）。

通过改变驱动电机的电流频率，变频器可控制电机转速。通过改变电流的振幅，变频器可控制电机转矩。变频器通常由其控制单元控制，该电控单元能否与汽车的诊断链路连接器（DLC）通信，取决于车型。

有些变频器会与其他的小型高压部件组装在一起，作为集成式变频器总成。例如丰田普锐斯混合动力汽车使用的变频器总成就包含了两个主要高压部件的组件：带升压变换器的变频器；12V辅助电池的DC/DC变换器，其安装位置如图1-1-20所示。丰田称这个组件为带变换器的逆变器总成。这两个部件集成在一起，共享一个贯穿组件的冷却系统。第三代普锐斯混合动力汽车还会将汽车高压空调压缩机的逆变器（比电机控制器中的变频器稍小）也集成在变频器总成内。

图 1-1-20　第三代普锐斯带变换器的逆变器总成

为了便于数据的交换和管理，某些车型的变频器还和车载充电器、高压配电箱等一起组成变频器总成。图1-1-21所示是比亚迪e5的高压电控总成，又称"四合一"，集成双向交流逆变式电机控制器模块、车载充电器模块、DC/DC变换器模块和高压配电模块，其内部还装有漏电传感器。

图 1-1-21　比亚迪e5的高压电控总成

这套总成的功能如下：

1）控制高压交/直流电双向逆变，驱动电机运转，实现充、放电功能（VTOG、车载充电器)。

2)实现高压直流电转化低压直流电为整车低压电器系统供电(DC/DC)。

3)实现整车高压回路配电功能以及高压漏电检测功能(高压配电箱和漏电传感器模块)。

4)另外还包括 CAN 通信、故障处理记录、在线 CAN 烧写以及自检等功能。

许多汽车制造商的维修手册中包括变频器和其他高压部件的系统说明(system descriptions)和/或系统框图(system block diagrams)。在维修时,这些资料为技术人员提供了系统或部件的相关信息。

2.4 高压配电盒(箱)

高压配电盒,英文简称 PDU(Power Distribution Unit),是新能源汽车高压系统解决方案中的高压电源分配单元,通过母排及线束将高压元器件电连接,为新能源汽车高压系统提供充放电控制、高压部件上电控制、电路过载短路保护、高压采样、低压控制等功能,保护和监控高压系统的运行。PDU 也能够集成 BMS 主控、充电模块、DC 模块、PTC 控制模块等功能,与传统 PDU 相比,多了整车功能模块,功能上更加集成化,结构上更复杂,具有水冷或是风冷等散热结构。PDU 配置灵活,可以根据客户要求进行定制开发,能够满足不同客户、不同车型的需求。

2.4.1 手动维修开关

手动维修开关(MSD),顾名思义就是进行新能源汽车检修时,为了确保人车安全,通过手动的方式将高压系统的电源断开,如图 1-1-22 所示。它也是关键时刻实现高压系统电气隔离的执行部件,在内部配置合适的熔丝之后同时也可以起到短路保护的作用。《电动客车安全技术条件》第 4.4.4 条要求:可充电储能系统应安装维修开关和熔断器。SAE 标准里面推荐了手动维修开关(MSD)的功能:打开时断开电池系统输出端子之间的任何电压;在接触器断开情况下,MSD 断开后 5s 内,所有外部电池端子组的测量电压应小于 60 V DC。

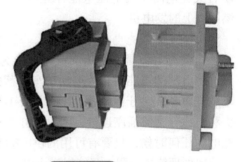

图 1-1-22　手动维修开关

通常,MSD 放置的位置是电池包的外箱或集成在高压配电盒(PDU)。如果在商用车上,涉及多个电池包的话,可能会用到多个 MSD。

MSD 的启用条件:在车辆进行大的检修、保养或更换其核心部件涉及高压部分的,为了保证人和车的安全,需要把 MSD 启用,即拆开 MSD 的另一端。该器件在平时就是起个过电流的作用,用到的时候很少,但很关键。

MSD 既包含了高压连接器的属性,也受限于熔断器的情况;可以简单理解为一个带熔断器的超级连接器,故高压连接器对设计与选型的要求在 MSD 一样需要。如绝缘、耐压、电气间隙、爬电距离、防呆、防触指(端子周围加绝缘材料,高出端子高度或者端子加塑料帽)设计等符合规定要求,除了以上性能,应用时还需重点关注连接器 HVIL 和密封防护、温升、EMC 性能。它的防护等级为 IP67,很多车企已经开始提更高的要求,如要求达到 IP6K9K。

它并不具备通用性:由于国内外的标准并没有统一,且涉及不同厂商的技术专利等,在 MSD 上尚未统一标准,故不同品牌的 MSD 是配套选择使用,不通用。

MSD 对插拔次数要求比较少,一般在 50~100 次(厂商一般给出的机械寿命为 500~1000 次)。在正常情况下,一辆纯电动汽车每年检修 2~3 次,因此,上述插拔次数足以陪着整车走完整个生命周期。频繁插拔会在连接与触点上形成划痕，形成更大的阻抗，造成温升增加等，因此减少其使用寿命。

2.4.2 DC/DC 变换器

目前所有纯电动汽车和几乎所有的混合动力汽车都未使用传统的 12V 交流发电机和稳压器。但是电动汽车中仍然使用 12V 电路，包括 12V 电池。12V 电池通常称为"辅助电池"，因为它不常用于起动或带动混合动力汽车的发动机。

DC/DC 变换器的主要功能是电流的转换，在汽车行驶期间，DC/DC 变换器将动力电池组（或者制动回收时的变频器）供给的高压直流电转换成 12V 的低压直流电，给各低压用电设备使用和/或给低压蓄电池补充充电。

DC/DC 变换器没有可动部件，只要冷却充分，可安置在不同位置，如图 1-1-23 所示为比亚迪 e6 的安装位置。DC/DC 变换器可使用水冷式冷却系统或风冷式冷却系统。常见的 DC/DC 变换器嵌入位置包括汽车的发动机舱（或为独立部件，或集成到变频器总成中），或者汽车动力电池组旁边。比亚迪 e5 车型的 DC/DC 变换器集成在高压电控总成内部，普锐斯 DC/DC 变换器集成在变频器总成内部（详细内容见本书变频器章节），车辆在起动后或充电时，为低压电池补充电量，相当于传统燃油车上的发电机。

图 1-1-23　比亚迪 e6 DC/DC 变换器

2.4.3 车载充电器

车载充电器是一种将交流电变换为直流电的技术，将电网的电能转化为电动车车载蓄电池的电能。车载充电器安装于电动汽车上（图 1-1-24），通过插头和电缆与交流插座连接，因此也可以称之为交流充电机。车载充电机的优点是在蓄电池需要充电的任何时候，只要有可用的供电插座，就可以进行充电，其缺点则是受车上空间所限，因而功率处理能力有限，只能提供小电流慢速充电，充电时间一般较长。

图 1-1-24　比亚迪唐车载充电器

充电器的基本构成包括功率单元、控制单元、电气接口和通信接口等。其中电气接口包括充电器供电电缆及连接器件、充电电缆和充电连接器等。电动车辆充电时，电动车辆和充电设备要正确连接，便于在正常情况下使电能安全地从充电设备传输给电动车辆。即使在正常使用中有些疏忽，也不会给周围的环境和人（尤其是充电的操作人员）带来危险。基本功能要求包括：

1）充电器应能对下述电池中的一种或多种充电：锂离子蓄电池、镍氢电池等。

2）在充电过程中，充电器依据蓄电池管理系统提供的数据动态调整充电参数，执行相应动作，完成充电过程。

3）充电器应具有与电动汽车或蓄电池管理系统通信的功能。通信的目的包括：判断电池类型；判断充电器是否与电动汽车蓄电池系统正确连接；获得电动汽车蓄电池系统参数、充电前和充电过程中蓄电池的状态参数；充电器还应具有与充电站监控系统通信的功能。

2.5 动力总成

新能源汽车动力总成由电动机和变速器组成，如图 1-1-25 所示。在 EV 模式下往往使用一个或多个交流电机来驱动车辆。混合动力汽车中电机的常见作用是作为电动机带动内燃机转动，但根据路况和需求不同，电机也可用作发电机发电。因此，我们称这类电机为电动发电机，简称"电机（MG）"。用作发电机时，电机的传动轴与汽车驱动系统相连以在减速时提供制动力，并且可对汽车的动力电池组充电。这个功能被称为能量回收或再生制动（regenerative braking），通常简称为"regen"。电机解码数据通常包括电机转速（单位 r/min）、旋转方向、电机转矩或电动机转矩以及定子绕组温度。

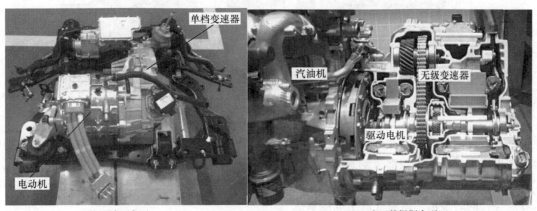

a）比亚迪e5车型　　　　　　　　b）丰田普锐斯车型

图 1-1-25　动力总成

2.6 低压 12V 辅助电池

在汽车上电期间，电动汽车的 12V 辅助电池供电给控制电路以及动力电池的接触器。在 ACC 模式下，12V 辅助电池也会供电。而且它也可在汽车行驶期间当 12V 低压系统负载过重或 DC/DC 变换器无法给低压系统充电时供电。

某些 12V 辅助电池为吸附式玻璃纤维隔板（AGM）电池，可能需要特殊的充电程序。非原厂的 12V 辅助电池可能会不适用于该车辆。技术人员需核对维修手册以确认汽车制造商使用的电池类型和正确的充电程序。比如比亚迪 e5 车型低压蓄电池采用比亚迪自制的铁电池，并且内部集成有电池管理器（也称 LBMS），其通过通信口和整车模块交互信息，安装在机舱左侧，如图 1-1-26 所示。

图 1-1-26　比亚迪 e5 低压电池安装位置

e5 车型的低压电池与 DC/DC 变换器低压输出端并联，通过正极熔丝盒为整车低压电器提供 13.8V 电源。正极熔丝盒外挂在低压铁电池侧面，DC/DC 变换器低压输出正极与低压铁电池正极在正极熔丝盒里通过螺栓连接，熔丝盒内还有 3 个熔丝，分别是 100A（至前舱配电盒）、125A（至前舱配电盒）、100A（至 REPS 电机），如图 1-1-27 所示。

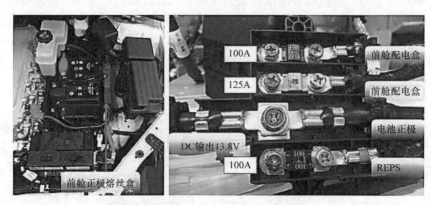

图 1-1-27　比亚迪 e5 正极熔丝盒安装位置

e5 车型低压电池由电芯和模块两部分组成，如图 1-1-28 所示。其中电芯由 4 节磷酸铁锂电池单体串联而成。而模块部分则是 LBMS 系统，与动力电池管理器系统一样，具有电压、电流和温度监测功能，存在异常状态会触发故障报警功能。当铁电池故障报警时，仪表上的故障指示灯点亮，同时显示"请检查低压电池系统"。

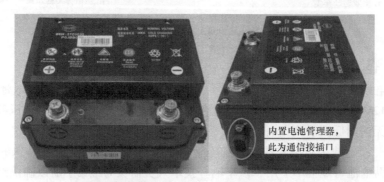

图 1-1-28　比亚迪 e5 低压电池的组成

低压电池带有 BMS 系统，当它监测到低压电池 SOC 低于 40% 时，将会向高压 BMS 发送充电请求，若整车满足一定条件（前舱盖关闭、"OFF" 档、高压系统正常等），将会启用 DC/

项目 1　高压电驱动系统

DC 给低压铁电池充电，组合仪表提示"低压电池电量低，进入智能充电模式"，此为"智能充电功能"。

若"智能充电"失效，低压铁电池有可能切断整车电源（低压电池正极柱与电芯正极之间通过继电器和 MOS 管连接，LBMS 可对该继电器和 MOS 管进行开闭控制），如发现车辆无电时，可尝试持续按下左前门微动开关激活铁电池，并立即起动车辆至"OK"档，给低压铁电池充电。

四、任务实施

1. 任务准备

安全防护：做好车辆安全防护与隔离（车内外三件套、车轮挡块、警示隔离带等）。

工具设备：绝缘防护用品。

台架车辆：比亚迪 e5 分控联动系统（行云新能 INW-EV-E5-FL）；比亚迪 e5 教学版和普锐斯整车。

辅助资料：维修手册、喷胶、卡片、记号笔、教材。

2. 实施步骤

2.1　比亚迪 e5 高压组件及线束高压接口定义

（1）电机高压线束

电机高压线束从高压电控总成输出，电机端输入，如图 1-1-29 所示。

a) 高压电控总成端

b) 电机总成端

图 1-1-29　电机高压线束

（2）电池与 DC/DC 高压线束

电池和 DC/DC 高压线束从电池端输出，高压电控总成端输入，如图 1-1-30 所示。

图 1-1-30　电池高压线束

（3）充电高压线束

充电高压线束分为交流充电高压线束（380V 和 220V 两种接口）和直流高压线束。从充电插口处输入，高压电控总成端输出，如图 1-1-31、图 1-1-32 所示。

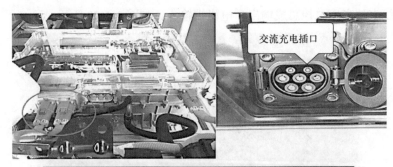

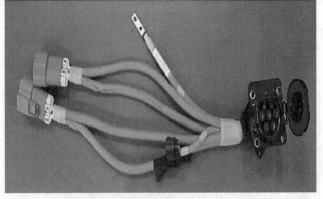

图 1-1-31　交流充电高压线束

项目 1　高压电驱动系统

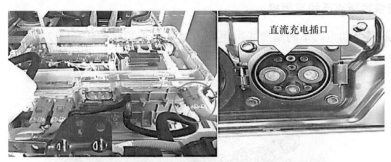

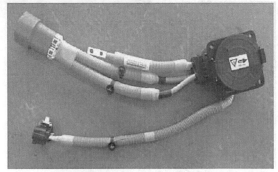

图 1-1-32　直流充电高压线束

（4）暖风与空调高压线束

暖风与空调高压线束从高压电控总成端输出，电动压缩机和 PTC 加热器端输入，如图 1-1-33 所示。

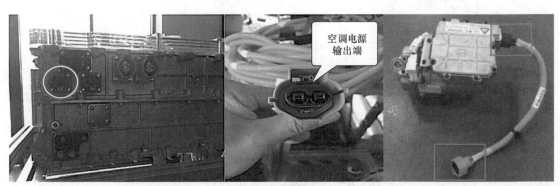

a) 空调高压线束

b) PTC 高压线束

图 1-1-33　暖风与空调高压线束

2.2 丰田普锐斯高压线束更换

丰田普锐斯混合动力汽车的高压线束更换方法如图 1-1-34~ 图 1-1-37 所示。

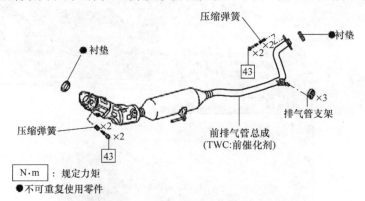

图 1-1-34　丰田普锐斯高压线束更换（1）

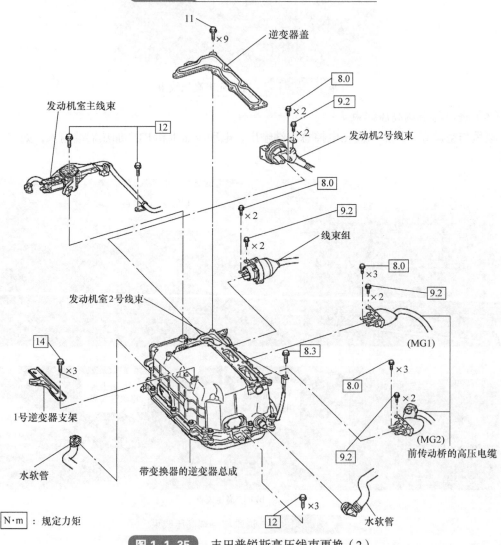

图 1-1-35　丰田普锐斯高压线束更换（2）

项目 1　高压电驱动系统

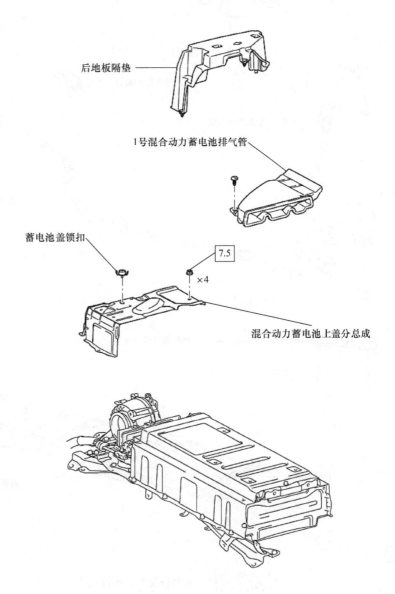

图 1-1-36　丰田普锐斯高压线束更换（3）

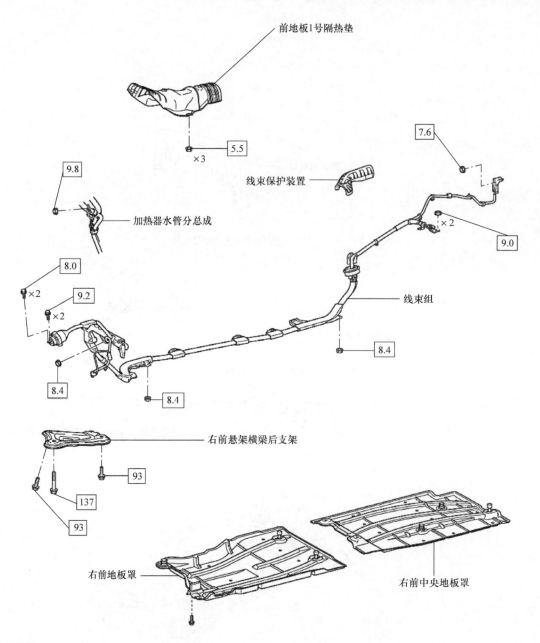

图 1-1-37 丰田普锐斯高压线束更换（4）

五、任务实施

任务	1. 请在比亚迪 e5、普锐斯车辆上找出所有高压组件及高压标识。 2. 请在比亚迪 e5、普锐斯车辆上进行高压线束的更换，并识别针脚定义。
笔记	

任务2 高压互锁与绝缘检测

一、任务引入

相对于传统汽车而言，新能源汽车的一个重要特点就是车内装有能保证足够动力性能的高压系统，包括充电系统、配电箱、储能系统（动力电池）、动力系统（即驱动电机）等高压部件。由此而存在的高压电伤害隐患完全有别于传统汽车，其高达300V以上的电压以及可能达到数十、甚至数百安培的电流随时考验着车载高压用电器的使用安全。因此，在对新能源汽车进行维修时，高压安全的检测尤为重要。

二、任务要求

知识要求：

- 掌握高压互锁回路。
- 熟悉高压绝缘监控回路。

技能要求：

- 会进行高压线束的绝缘检测。
- 会进行高压回路检测。

职业素养要求：

- 严格执行汽车检修规范，养成严谨科学的工作态度。
- 尊重他人劳动，不窃取他人成果。
- 养成总结训练过程和结果的习惯，为下次训练积累经验。
- 养成团结协作精神。
- 严格执行5S现场管理。

三、相关知识

1. 高压互锁回路

1.1 高压互锁的定义

在 ISO 6469-3: 2001《电动汽车安全技术规范第3部分：人员电气伤害防护》中，规定车上的高压部件应具有高压互锁装置，但并没有详细地定义高压互锁系统。高压互锁，也指危险电压互锁回路（HVIL, Hazardous Voltage Interlock Loop）：通过使用电气信号，来检查整个高压产品、导线、连接器及护盖的电气完整性（连续性），识别回路异常断开时，及时断开高压电。

高压互锁回路如图1-2-1所示。当整车发生碰撞时，碰撞传感器发出碰撞信号，触发HVIL断电信号，整车高压源会在毫秒级时间内自动断开，以保障用户的安全。

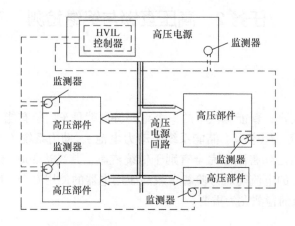

图 1-2-1　高压互锁回路示意图

1.2　高压互锁的组成

1.2.1　互锁信号监测回路和监测器

高压互锁信号回路包括两部分，在图 1-2-1 中分别用实线和虚线表示。

实线部分用于监测高压供电回路的完整性，可以分为两种形式：一种是与高压电源线并联（一般直接在高压线束内），并在所有高压连接器端与连接器监测器连接，将所有的连接串接起来组成一个完整的回路，可以利用高压线上的屏蔽线组成信号回路的一部分，以使整个系统变得更简单和可靠；另外一种形式为各个高压部件控制器负责监测各自的 HVIL 信号，只有当全部的控制器收到 HVIL 接通信号时，才允许接通高压源。虚线部分用来监测所有高压部件保护盖是否非法开启，利用信号线将所有高压器件上的监测器全部串联（单独低压跨接）起来，组成另外一条监测信号回路。两部分高压互锁信号回路监测器如图 1-2-2 所示。

a) 高压供电信号监测回路

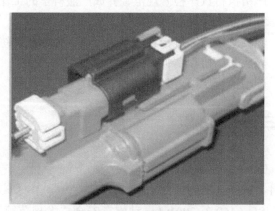
b) 高压部件保护信号监测回路

图 1-2-2　高压互锁信号监测回路

1.2.2　高压继电器

高压继电器（也称正极、负极接触器）为互锁系统切断高压源的执行部件，形式类似于继电器，如图 1-2-3 所示。

项目 1　高压电驱动系统

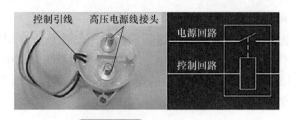

图 1-2-3　高压继电器

高压继电器简单理解就是用较小的电流去控制较大电流的一种自动开关。高压继电器在电路中起着自动调节、安全保护、转换电路等作用，保证电池系统上下电的正常进行，在汽车起动时闭合高压继电器上电，在汽车停车熄火时断开高压继电器下电。高压继电器控制系统属于汽车电子电气系统，若失效可能会对驾驶人的生命安全造成伤害，因此应该按照 ISO26262 标准进行开发，以满足功能安全要求。

高压继电器状态监控主要是通过检查高压继电器的触点状态来判断高压继电器工作状态是否符合控制要求，避免在高压继电器打开的情况下给高压回路施加电气负载，以及在高压回路有较大电气负载的情况下断开高压继电器。高压继电器的触点检测可以准确发现高压继电器粘连情况，防止在高压继电器粘连情况下误操作损坏高压回路元器件，同时合理操作高压继电器（打开/闭合），延长继电器使用寿命。高压继电器触点检测方法采用带辅助触点检测的高压继电器，也可以单独设计辅助触点检测电路，通过检测高压继电器两端的电压来判断高压继电器触点的打开/闭合状况。

在高压互锁系统识别到危险情况时，能否正确断开高压源是非常关键的，所以高压继电器对高压互锁的作用影响相当大，其如何设置需参照以下原则：

1）高压继电器需要尽可能地接近电池包（高压源），以缩短在断电时继续蓄能的电路。

2）高压继电器的初始状态应该是常开的状态，需要控制器给予安全信号方能闭合，以避免高压线路误接通。

3）复位高压继电器应要求操作者施加额外的信号，需其确认已消除高压危险方能复位。

4）高压继电器应具有自诊断的能力，将其内部的故障检测出来并予以显示，如果不能正常工作，则需要对整车进行特殊处理（停车或警告）。

5）高压继电器即使是在出现供电电压过低的情况下也应能操作。

6）高压继电器需要提供一个输出信号，提前通知其他用电负载，使之能在断电之前有提前响应的时间。

7）行驶过程中不能强行断开。

1.3　控制策略

高压互锁系统在识别到危险时，整个控制器应根据危险时的行车状态及故障危险程度运用合理的安全策略，这些策略包括以下几点：

1）故障警告。无论电动汽车在何种状态，高压互锁系统在识别到危险时，车辆应该对危险情况做出警告提示，需要仪表或指示器以声或光警告的形式提醒驾驶人，让驾驶人注意车辆的异常情况，以便及时处理，避免发生安全事故。

2）切断高压源。当电动汽车在停止状态时，高压互锁系统在识别到严重危险情况后，除了进行故障警告，还应通知系统控制器断开高压继电器，使高压源被彻底切断，避免可能发生的高压危险，确保财产和人身安全。

3）降功率运行。电动汽车在高速行车过程中，高压互锁系统在识别到危险情况后，不能马上切断高压源，应首先通过警告提示驾驶人，然后让控制系统降低电机的运行功率，使车辆速度降下来，以使整车高压系统在负荷较小的情况下运行，尽量降低发生高压危险的可能性，同时也让驾驶人能够将车辆停到安全的地方。

2. 高压绝缘监控回路

2.1 电网类型

我们通常会根据国际统一的命名方法，在运行技术和安全技术要求以及"壳体"连接方式的基础上，区分供电电网。第一个字母说明的是电源的接地方式（配电电网运营商"VNB"），第二个字母说明的是耗电设备的接地方式，根据连接的不同特点分为TT、TN和IT电网。

2.1.1 TT电网

TT电网是指将电气设备的金属外壳直接接地的保护系统，称为保护接地系统，也称TT系统，如图1-2-4所示。第一个字母（T）说明发电机或者变压器的星点是在发生器那里接地的；第二个字母（T）说明耗电设备那里的接地是如何设计的。

（1）TT系统的主要优点

1）能抑制高压线与低压线搭连或配变高低压绕组间绝缘击穿时低压电网出现的过电压。

2）对低压电网的雷击过电压有一定的泄漏能力。

3）与低压电器外壳不接地相比，在电器发生碰壳事故时，可降低外壳的对地电压，因而可减轻人身触电的危害程度。

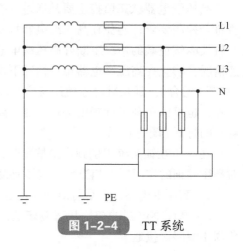

图 1-2-4　TT 系统

4）由于单相接地时接地电流比较大，可使保护装置（漏电保护器）可靠动作，及时切除故障。

（2）TT系统的主要缺点

1）低、高压线路雷击时，配变可能发生正、逆变换过电压。

2）低压电器外壳接地的保护效果不及IT系统。

3）当电气设备的金属外壳带电（相线碰壳或设备绝缘损坏而漏电）时，由于有接地保护，可以大大减少触电的危险性。但是，低压断路器（自动开关）不一定能跳闸，造成漏电设备的外壳对地电压高于安全电压，属于危险电压。

4）当漏电电流比较小时，即使有熔断器也不一定能熔断，所以还需要漏电保护器作保护，因此TT系统难以推广。

5）TT系统接地装置耗用钢材多，而且难以回收、费工时、费料。

一般小型的用电网络或者一些国家的低压用电网络采用这样的电网。

2.1.2 TN电网

房屋内的电气安装由三相交流电压系统组成，有三个带电导线（外部导线）和至少一个接地导线（零线，可能包括一个地线）。这种广泛使用的网络形式称为"TN"。第一个字母（T）说明发电机或者变压器的星点是在发生器那里接地的（工作接地）；第二个字母（N）说明耗电设备那里的接地是如何设计的，壳体是直接通过 PEN 引线和发生器的工作接地相连的。在 TN 系统中，所有电气设备的外露可导电部分均接到保护线上，并与电源的接地点相连，这个接地点通常是配电系统的中性点。

TN 系统，称作保护接零。当故障使电气设备金属外壳带电时，形成相线和地线短路，回路电阻小、电流大，能使熔丝迅速熔断或保护装置动作切断电源。TN 系统的电力系统有一点直接接地，电气装置的外露可导电部分通过保护导体与该点连接。

TN 系统通常是一个中性点接地的三相电网系统。其特点是电气设备的外露可导电部分直接与系统接地点相连，当发生碰壳短路时，短路电流即经金属导线构成闭合回路，形成金属性单相短路，从而产生足够大的短路电流，使保护装置能可靠动作，将故障切除。

如果将工作零线 N 重复接地，碰壳短路时，一部分电流就可能分流于重复接地点，会使保护装置不能可靠动作或拒动，使故障扩大化。

在 TN 系统中，也就是三相五线制中，N 线与 PE 线分开敷设，并且是相互绝缘的，同时与用电设备外壳相连接的是 PE 线而不是 N 线。我们首要关心的是 PE 线的电位，而不是 N 线的电位，因此在 TN-S 系统中重复接地不是对 N 线的重复接地。如果将 PE 线和 N 线共同接地，由于 PE 线与 N 线在重复接地处相接，重复接地点与配电变压器工作接地点之间的接线已无 PE 线和 N 线的区别，原由 N 线承担的中性线电流变为由 N 线和 PE 线共同承担，并有部分电流通过重复接地点分流。因为这样可以认为重复接地点前侧已不存在 PE 线，只有由原 PE 线及 N 线并联共同组成的 PEN 线，原 TN-S 系统所具有的优点将丧失，所以不能将 PE 线和 N 线共同接地。

由于上述原因在有关规程中明确提出，中性线（即 N 线）除电源中性点外，不应重复接地。在中国家庭电网采用的都是 TN 系统，在 TN 系统中根据不同类型的接地点又分成不同的类型。

（1）TN-S 系统

该系统中保护线和中性线分开，如图 1-2-5 所示，系统造价略贵。除具有 TN-C 系统的优点外，由于正常时 PE 线不通过负荷电流，故与 PE 线相连的电气设备金属外壳在正常运行时不带电，适用于数据处理和精密电子仪器设备的供电，也可用于爆炸危险环境中。民用建筑内部、家用电器等都有单独接地触点的插头，采用 TN-S 供电既方便又安全。

（2）TN-C 系统

该系统中保护线与中性线合并为 PEN 线，如图 1-2-6 所示，具有简单、经济的优点。当发生接地短路故障时，故障电流大，可使电流保护装置动作，切断电源。

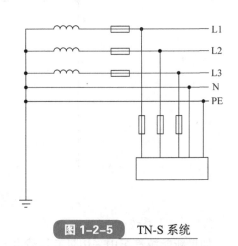

图 1-2-5　TN-S 系统

该系统对于单相负荷及三相不平衡负荷的线路，PEN 线总有电流流过，其产生的压降，将会呈现在电气设备的金属外壳上，对敏感性电子设备不利。此外，PEN 线上微弱的电流在危险的环境中可能引起爆炸，所以有爆炸危险的环境不能使用 TN-C 系统。

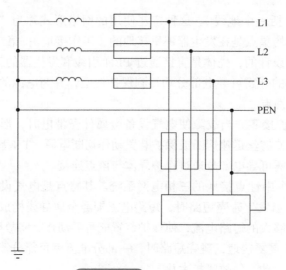

图 1-2-6　TN-C 系统

（3）TN-C-S 系统

该系统 PEN 线自 A 点起分开为保护线（PE）和中性线（N），如图 1-2-7 所示。分开以后 N 线应对地绝缘。为防止 PE 线与 N 线混淆，应分别给 PE 线和 PEN 线涂上黄绿相间的色标，N 线涂以浅蓝色色标。此外，自分开后，PE 线不能再与 N 线合并。

TN-C-S 系统是一个广泛采用的配电系统，无论是在工矿企业还是在民用建筑中，其线路结构简单，又能保证一定的安全水平。

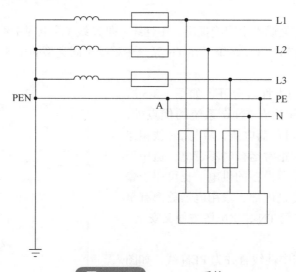

图 1-2-7　TN-C-S 系统

2.1.3　IT 系统

如果新能源汽车中采用带有过载电流保护器的 TN 系统，则只出现一个故障（外部导线与壳体之间短路）时就会关闭高电压系统，因此降低了电动驱动装置的使用率。这个原因决定了在混合动力车辆中使用另一种形式，即带有绝缘监控功能的 IT 系统。第一个字母（I）说明发电机或者变压器的星点通过接地绝缘；第二个字母（T）说明耗电设备那里的接地是如何设计的，如图 1-2-8 所示。

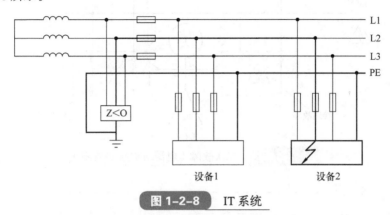

图 1-2-8　IT 系统

IT 系统不仅可以用于三相交流电网络，也可以用于直流电压网络，混合动力车辆的高电压系统也使用直流电压网络。一辆车在行驶过程中，如果出现了一次故障，对于 TT 和 TN 电网，系统会发生内部短路，从而系统会被立即切断，对于一个行驶中的车辆突然失去动力是非常危险的事情。而 IT 系统具有一定的容错能力，即使发生了一次故障，系统会输出一条警告，而车辆仍旧会继续行驶，如图 1-2-9 所示。

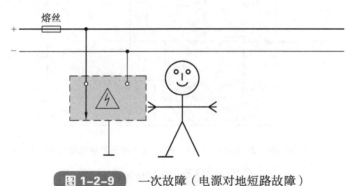

图 1-2-9　一次故障（电源对地短路故障）

当高压电正极对壳体短路时，人接触了壳体，此时因为是 IT 电网，从人到负极之间没有形成回路，所以无短路电流。因此过载电流保护装置不触发，没有电流经过人体，人依然是安全的，这就是采用 IT 电网的第二个原因，即使出现了一次短路故障，也能保证人身安全。在第二次故障时，将会切断。

如图 1-2-10 所示，如果第一个故障是电源正极对壳体短路，第二个故障是电源负极对壳体短路，若此时维修人员一手接触到了第一个壳体，另一只手接触到第二个壳体，此时人体会流过相当大的电流，导致严重的后果甚至死亡。虽然这是发生概率很低的故障，但万一发生，就会造成致命伤害。

2.2　高压绝缘监控回路

如何识别并最终排除这样的故障？出于这个原因，高压车载网络中采用所谓的绝缘监控电路，如图 1-2-11 所示。其目的是，识别所有高压部件与可导电壳体或与接地之间危险的绝缘故障。如果壳体/接地与另一个高压部件之间存在危险电压，则说明有危险的绝缘故障。换句话说，高压部件与壳体/之间的绝缘电阻低于某一限值。

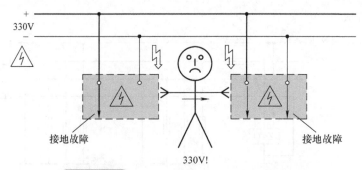

图 1-2-10　二次故障（电源对地短路故障）

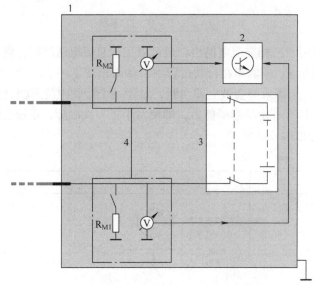

1—动力电池组　2—BMS　3—接触器　4—用于测量绝缘电阻的电路

图 1-2-11　绝缘监控电路

高压车载网络中的绝缘监控功能可测量这个绝缘电阻，例如通过多次测量电压间接测量。在此通过测量电阻来测量带电部件（例如高电压蓄电池的正极和负极）与接地之间的电压。高压系统启用期间以及关闭高压系统后都进行测量。绝缘监控功能通常集成在一个或两个高压组件内，例如电机控制器内或 BMS 内。但是绝缘监控功能如何识别另一个高压组件（例如电动空调压缩机）内的绝缘故障？

只有高压组件的所有可导电壳体都与车身接地连接（有电流）时，才能从一个或两个中心位置实现绝缘监控。例如，借助这种导电连接，可以从电机控制器内可靠识别高压线束与壳体之间的短路。如果与接地之间无导电连接，则无法识别该故障，因此对人体有潜在危险。壳体彼此之间以及与接地之间的导电连接称为"电位补偿"，为此使用的电气连接称为"电位补偿导线"。所有的高压系统组件都通过一根电压平衡线（电位补偿导线）一起连到车辆的接地端。即使手触及到两个有接地故障组件，也不会发生触电的危险，如图 1-2-12 所示。

电位补偿导线必须足够粗且尽量短，以允许可能的最大故障电流通过它放电。电压平衡线和每个高压元件屏蔽层相通；搭铁连接处与高压组件紧密连接，搭铁阻抗值小于 0.2Ω；如高压组件上有防锈漆等需要刮掉连接；必须保证电压平衡线清洁并不被氧化。

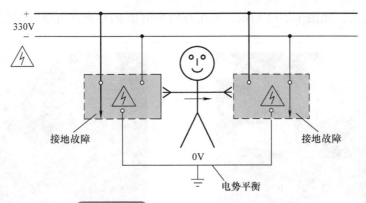

图 1-2-12　各个高压组件的电势平衡

四、任务实施

1. 任务准备

安全防护：做好车辆安全防护与隔离（车内外三件套、车轮挡块、警示隔离带等）。

工具设备：数字万用表、绝缘电阻表、绝缘防护用品、绝缘工具套装、常规工具套装。

台架车辆：比亚迪 e5 分控联动系统（行云新能 INW-EV-E5-FL）；比亚迪 e5 教学版和普锐斯整车。

辅助资料：维修手册、教材。

2. 实施步骤

2.1 高压线束绝缘检测

为了保证人员的安全，每次更换高压部件后，都必须做等电位电阻的测量，而且需要测量高压线束不同层金属对于地线之间的电阻，所有的电阻值都需要小于 0.04Ω，测量方法如图 1-2-13 所示。测量结果必须要求导电极对屏蔽层 > 500Ω/V；导电极对地无穷大；屏蔽层对地 < 1Ω（若使用测量精度较高的万用表，测出的阻值应该为 0.04Ω）。

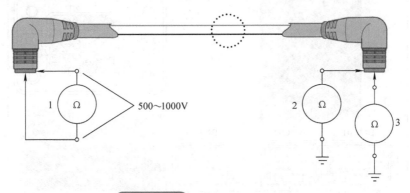

图 1-2-13　高压线束绝缘检测

2.2 高压互锁检测

（1）测量 PTC 高压互锁

拔下PTC插头，如图1-2-14所示，使用万用表测量PTC高压互锁，如图1-2-15所示，电阻值小于1Ω。

图1-2-14　PTC插头

图1-2-15　PTC高压互锁测量

（2）测量高压电控总成高压互锁

拔下高压电控总成插头，如图1-2-16所示，查找高压电控总成插头第22与23号针脚，使用万用表测量高压电控总成高压互锁，如图1-2-17所示，电阻值约为108Ω。

图1-2-16　高压电控总成插头

图1-2-17　高压电控总成高压互锁测量

各高压互锁插头针脚如图1-2-18所示。

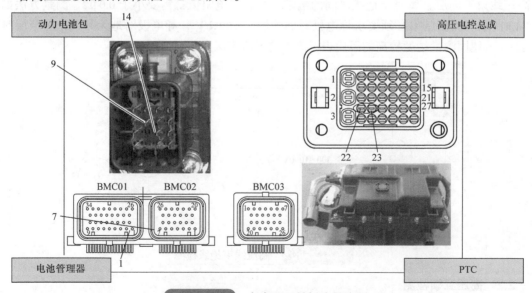

图1-2-18　各高压互锁插头针脚图

项目 1　高压电驱动系统

（3）测量电池管理器高压互锁

拔下电池管理器 BCM01 与 BCM02 插头，如图 1-2-19 所示，查找电池管理器 BCM01 插头第 1 号针脚与电池管理器 BCM02 插头第 7 号针脚，使用万用表测量电池管理器高压互锁，如图 1-2-20 所示，电阻值小于 1Ω。

图 1-2-19　电池管理器 BCM01 与 BCM02 插头

图 1-2-20　电池管理器高压互锁测量

五、任务实施

任务	1. 请在比亚迪 e5、普锐斯车辆上找出所有高压互锁开关。 2. 请在比亚迪 e5、普锐斯车辆上进行高压线束的绝缘检测和互锁检测。
笔记	每根屏蔽与内部导线之间绝缘电阻：＿＿＿；是否合格：＿＿＿。 屏蔽与车辆的接地端绝缘电阻：＿＿＿；是否合格：＿＿＿。 内部导线与车辆接地端绝缘电阻：＿＿＿；是否合格：＿＿＿。 绝缘电阻必须至少为 500 Ω/V。例如：288 V × 500 Ω/V = 0.144 MΩ。 普锐斯互锁回路：

37

（续）

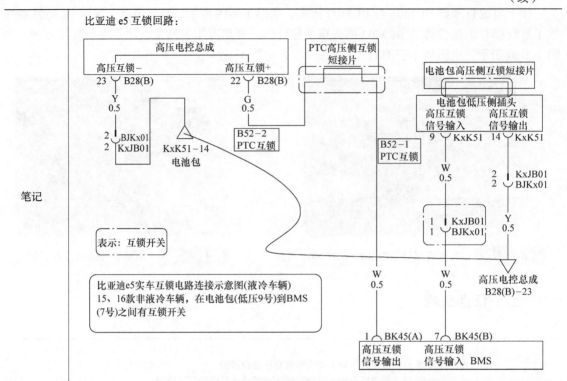

项目 2

驱动电机的结构与检修

> **项目描述**
>
> 本项目共 3 个学习任务：
> 任务 1　驱动电机的基本知识。
> 任务 2　永磁同步驱动电机的结构与检测。
> 任务 3　三相异步电机的结构与故障分析。
> 通过 3 个任务的学习，了解驱动电机的类型及主要应用；掌握驱动电机的外部特征及内部结构；能够识别驱动电机电路连接器接口定义；会进行驱动电机的信号测量与故障分析。

任务 1　驱动电机的基本知识

一、任务引入

新能源汽车作为传统燃油汽车的替代品，其主要电气系统在传统汽车"三小电"（空调、转向、制动）的基础上延伸产生了电动动力总成系统"三大电"——电池、电机、电控。其中，驱动电机系统（电机和电控系统的组合）作为传统发动机（变速器）功能的替代，其性能直接决定了电动汽车的爬坡、加速、最高速度等主要性能指标。驱动电机作为新能源汽车的三大核心部件之一，相比传统工业电机，有着更高的技术要求。

二、任务要求

知识要求：

- 掌握驱动电机的主要类型及应用。
- 了解驱动电机的性能要求。

技能要求：

- 能够区别不同类型驱动电机的生产企业。
- 能够识别出主流驱动电机的类型。

职业素养要求：

- 严格执行汽车检修规范，养成严谨科学的工作态度。
- 尊重他人劳动，不窃取他人成果。
- 养成总结训练过程和结果的习惯，为下次训练积累经验。
- 养成团结协作精神。
- 严格执行 5S 现场管理。

三、相关知识

1. 新能源汽车驱动电机系统概况

新能源汽车驱动电机系统面临的工况相对复杂：需要能够频繁起停、加减速，低速/爬坡时要求高转矩，高速行驶时要求低转矩，具有大变速范围；混合动力车还需要具备电机起动、电机发电、制动能量回馈等特殊功能。

此外，电机的能耗直接决定了固定电池容量情况下的续航里程。因此，电动汽车驱动系统在负载要求、技术性能和工作环境上有特殊要求：第一，驱动电机要有更高的能量密度，实现轻量化、低成本，适应有限的车内空间，同时要具有能量回馈能力，降低整车能耗；第二，驱动电机同时具备高速宽调速和低速大转矩，以提供高起动速度、爬坡性能和高速加速性能；第三，电控系统要有高控制精度、高动态响应速率，并同时提供高安全性和可靠性。

驱动电机系统作为新能源汽车产业链的重要一环，其技术、制造水平直接影响整车的性能和成本。目前，国内在驱动电机系统领域的自主化程度仍远落后于电池，部分驱动电机系统核心组件如 IGBT 芯片等仍不具备完全自主生产能力，具备系统完整知识产权的整车企业和零部件企业仍是少数。随着国内驱动电机系统产业链的逐步完善，驱动电机系统的国产化率逐步提高，驱动电机系统市场的增速有望超过新能源汽车整车市场的增速。

1.1 驱动电机概况

1.1.1 驱动电机的定义和组件

驱动电机是将电能转换成机械能为车辆行驶提供驱动力，或将机械能转化成电能的装置，它具有能作相对运动的部件，是一种依靠电磁感应而运行的电气装置。电动发电机（通常被简称为电机）有如此称谓是因为它既作为电动机工作（由新能源汽车的动力电池组供能），也作为发电机工作（产生电流，为汽车的电池组充电）。虽然电机的种类有很多，但是绝大多数混合动力汽车和纯电动汽车使用的是永磁电机，其效率高达 98%。有些混合动力汽车和纯电动汽车也使用感应电机。基本所有的量产混合动力汽车和纯电动汽车使用的都是三相电机，这三个相位分别称为 U、V 和 W。这三个线圈的连接通常命名为 U1、U2、V1、V2 和 W1、W2。由于存在相位差，三相电机不需要交流电机所需的辅助相。围绕定子作用的旋转场使转子持续旋转，这意味着转速取决于极数和频率。

一台典型电机的固定部件被称为定子，由定子绕组和定子铁心组成。定子绕组由绝缘铜线绕制而成。每组的铜线线圈组成定子绕组的一个相。定子绕组三个相的线圈都联结汇聚于同一点，称作中性点。因为这种类型的接法看上去与字母 Y 相似，此连接方式被称作星形联结或 Y 形联结。每一相位的活动端口被称为相端。三相绕组的每一相端通常都会固定在绝缘的接线板上，并且通过电机电缆与汽车的变频器相连，这便是三相电缆。接线板负责支撑相端和电机电缆的连接。定子铁心由薄钢板组装而成，用于支撑定子绕组。定子铁心还能加强定子绕组和转子之间的磁场。线圈能穿过定子铁心中的相应插槽。这部分用于定子绕组中线圈的插槽被称为定子齿。

一台典型电机的另一主要部分称为转子，是电机中转动的部分。它由轴承支撑着，在定子中转动，与定子之间只有很小的气隙。定子齿与电机转子的距离比定子中任何其他部分与转子的距离都近。磁场通过定子齿形成，并穿过定子和转子。

转子的构造因发电机的类型不同（如永磁电机或感应电机）而不同。一台典型电机的结构如图 2-1-1 所示。

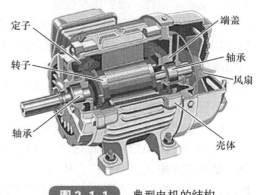

图 2-1-1　典型电机的结构

1.1.2　驱动电机的分类

电机在工业中的应用非常广泛，功率覆盖范围宽，种类也很多。但新能源汽车在功率、转矩、体积、质量、散热等方面对驱动电机有更高的要求，因此，相比工业电机，新能源汽车驱动电机必须具备更优良的性能，如：体积小以适应车辆有限的内部空间；工作温度范围宽（-40 ~ 105℃），适应不稳定的工作环境；高可靠性以保证车辆和乘员的安全；高功率密度以提供良好的加速性能（1.0~1.5kW/kg）等。驱动电机的种类相对较少，功率覆盖也相对较窄，产品相对集中。

所有电机都由固定的定子和在定子内部旋转的转子组成。转子的旋转运动由转子和定子上的磁场（它们结合产生转矩）之间的交互作用产生。线圈集成在定子、转子或同时集成在两者内，具体取决于电机类型。例如在图 2-1-2 中，转子周围的磁场由永久磁铁产生，这使得整个系统的设计要简单许多。

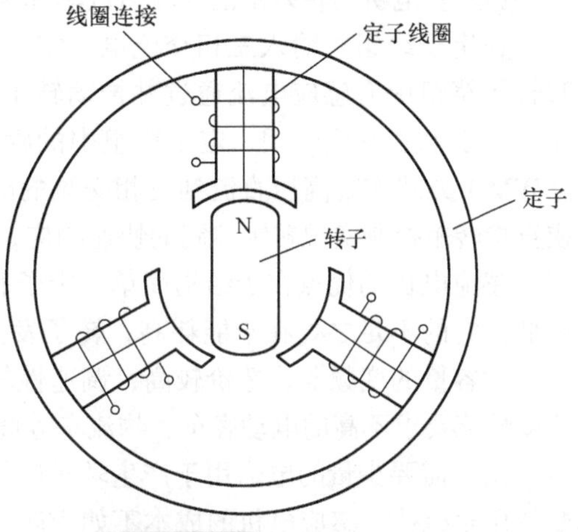

目前，应用于新能源汽车的驱动电机主要包括直流电机、交流电机和开关磁阻电机三类，其中在目前乘用车、商用车领域应用较为广泛的电机包括直流（无刷）电机、交流感应（异步）电机、永磁同步电机、开关磁阻电机等。其他特殊类型的驱动电机包括轮毂/轮边电机、混合励磁电机、多相电机、双机械端口能量变换器（Dmp-EVT），目前市场化应用较少，是否能够大规模推广需要更长时间的车型验证。

图 2-1-2　三相电机示意图

（1）直流电机（DC Motor）

1831 年亨利制造出首台直流电机，早期电动汽车采用。良好的起动和控制特性是直流电机的典型特征。转子转速直接决定于电源电压的范围，因此极易调节。

直流电机的典型设计包括定子的永久磁铁，而工作电压则通过电刷提供给转子线圈。电机打开时，转子将旋转，直至转子磁场与定子磁场对齐。为了使转子一直旋转，必须通过换向器更改转子内磁场的极性并进而更改磁场方向。在上例中，每旋转180°就将改变一次极性，以确保转子一直旋转。在二极和四极电机上，运行过程中会产生很大的不平衡，因此实际上所需极数要多得多。换向器可产生正确的极性，这样转子便可一直旋转。

直流电机控制器一般采用晶闸管脉宽调制方式（PWM），控制性能好，调速平滑度高，控制简单，技术成熟，且成本较低。直流电机的缺点是需要独立的电刷和换向器，导致速度提升受限；电刷易损耗，维护成本较高。

直流电机多用于早期的电动汽车驱动系统，要求的实际设计复杂得多。例如，为了改变旋转方向或操作发电机，电源电子装置必须确保对转子和定子线圈的各种切换。即使车辆中高压蓄电池的直流电流无法转换为交流电流或三相电流，仍必须调整电压以获得不同的转速和转矩。而且，在驾驶模式中还会遇到由电刷和滑环的摩损和摩擦造成的其他问题。正因为这些原因，目前新研制的车型已经基本不再采用。

（2）交流感应（异步）电机（Induction Motor）

1889年德国AEG公司制造出首台交流三相异步电机；20世纪80年代，微电子控制技术的完善使得交流电机得到推广。从结构上看，感应电机定子的结构与永磁电机定子的大体相同；然而，感应电机的转子与永磁电机的转子则完全不同。

大多数的感应电机使用笼型转子。这种转子通常由铜棒或者铝棒制成。转子没有磁体，也不使用电刷或者滑环将电流从外部源传输至转子。实际上，定子绕组产生旋转磁场，使转子导体产生感应电流，感应电流使导体本身产生感应电磁场。

为完成这一工作，定子磁场必须比转子运行得更快。感应电机定子磁场和转子磁场并不相互同步，因此这类电机被称为异步电机（Asynchronous Motor）。两种场的速度差异被称为转差（或滑差）。电机的转差由混合动力汽车和纯电动汽车的控制系统控制，以对转矩进行调整。

在定子绕组中输入三相交流电，定子绕组中的励磁电流在定子铁心中产生旋转磁场，此时转子绕组中有感应电流通过并推动转子作旋转运动。当转子带有机械负载时，转子电流增加，由于电磁感应作用，定子绕组中的励磁电流也增加。交流异步电机控制器采用脉宽调制（PWM）方式实现高压直流到三相交流的电源变换，采用变频器实现电机调速，采用矢量控制或直接转矩控制实现转矩控制的快速响应，满足负载变化特性的要求。

感应电机的优点在于结构简单，定子和转子无直接接触，运行可靠性强，转速高，维护成本低。它的不足之处在于能耗高，转子发热快，高速工况下需要额外冷却系统；功率因数低，需要大容量的变频器，造价较高，调速性较差。目前，交流异步电机主要用于空间要求较低且速度性能要求不高的电动客车、物流车等商用车型。

由于需要少量的电力用于产生转子磁场，感应电机的效率略低于永磁电机。但是由于不需要使用永磁体，感应电机的成本不如永磁电机高。使用感应电机的混合动力汽车和纯电动汽车有以下实例：

1）2012-2013别克君越eAssist（并联混合起动电机）。

2）2012-2013别克君威eAssist（并联混合起动电机）。

3）2012-2013雪佛兰迈锐宝eAssist（并联混合起动电机）。

4）特斯拉敞篷车和Model S纯电动汽车(牵引电机)。

（3）永磁电机（Permanent Magnetic Motor）

随着1980年钕铁硼永磁材料的出现以及电力电子技术的发展，永磁电机在工业、民用领域得到推广，包括永磁同步电机（正弦波）和永磁无刷直流电机（方波）两大类，其转子均由永磁材料制成，定子采用三相绕组，输入调制方波产生旋转磁场带动永磁转子转动。永磁同步电机的优点在于其较大的转矩和驱动效率，具有高功率密度和宽调速范围，且没有励磁损耗和散热问题，电机结构简单，体积比同功率的异步电机小15%以上；其缺点在于高速运行时控制复杂，永磁体退磁问题目前难以解决，电机造价较高。

永磁电机的转子中使用了高强度的永磁体作为材料。永磁体可能被嵌在转子表面（覆在转子的外层）或者是包裹在铁转子的内部。后者被称作内置式转子，并且在混合动力汽车和纯电动汽车中的使用比前者更常见。

每一个转子磁体都经过磁位调整，使它们的两极中的一个极点统一朝外指向定子绕组。这样，这些磁体的两极极性围绕着转子交替变换：北，南，北，南……不需要任何电能就能维持转子的永久磁场。当混合动力汽车和纯电动汽车的变频器在汽车的定子绕组中产生电流，使电机运行时，电流会在定子绕组中产生电磁场。每个绕组磁场的极性（朝内面向电机转子），取决于绕组的绕向。

在星形接法的定子绕组里，每个相位的线圈互相交替缠绕：一组顺时针方向，下一组逆时针方向，再顺时针方向……以此类推。因此，通过定子绕组的电流将会产生交替的电磁场并与转子磁场相吸。这些磁场从定子延伸至转子，随着定子磁场旋转，向转子施加转矩。定子磁场的旋转由交流电引起，转子的转速与定子磁场的转速相同，而这两个组件被认为是同步的。这样的电机被称为同步电机（Synchronous Motor）。

目前，永磁同步电机主要应用于体积小，且速度、操控性能要求较高的电动乘用车领域，部分中小型客车亦开始尝试使用永磁电机作为驱动源。永磁无刷直流电机则一般在日本和中国的小功率新能源汽车、低速电动车领域应用较为广泛。

（4）开关磁阻电机（Switched Reluctance Motor）

1983年，英国TACSDrives公司首次将开关磁阻电机推向市场。2012年，菲亚特500型EV采用这一技术。它的定子和转子铁心均由硅钢片叠压而成，利用冲片上的齿槽构成双凸极结构，定子产生扭曲磁场，利用"磁阻最小原理"驱动转子运动。开关磁阻电机结构和控制简单，出力大，可靠性高，成本低，起动制动性能好，运行效率高，但电机噪声高，转矩脉动严重，非线性严重，用于电动汽车驱动有利有弊，目前在电动汽车中应用较少。

不同的驱动电机，其特性也不尽相同，见表2-1-1、表2-1-2。

表2-1-1 各种电机的特性比较（摘自日本电气学会技术报告）

性能＼电机	直流电机	永磁同步电机	异步电机	开关磁阻电机
最大效率（%）	85～89	95～97	94～95	＜90
10%负载效率（%）	80～87	90～92	79～85	78～86
最高转速/（r/min）	4000～6000	4000～10000	9000～15000	15000
电机费用/（美元/kW）	10	10～15	8～12	6～10
控制器成本（美元）	1	2.5	3.5	4.5
坚固性	良	良	优	良
信赖性	普通	良	优	良

表 2-1-2 永磁同步电机与异步电机的特性比较

	永磁同步电机	异步电机
适应容量	10W ~ 100kW	100W 以上
尺寸、重量	小	中 ~ 小
结构	相当简单	非常简单
环境适应性	相当好	非常好
维护	有点必要	不要
生产性	好	非常好
位置传感器	要	不要
速度传感器	不要	要
寿命	轴寿命	轴寿命
弱磁高速	困难	可能
回馈制动	容易	可以
永久失磁	有	无
温度特性	无	有
控制器	控制一台	控制多台

目前，新能源汽车所使用的电机以交流感应电机和永磁同步电机为主。其中，日韩车系多采用永磁电机，转速区间和效率相对都较高，但是需要使用昂贵的系统永磁材料钕铁硼；欧美车系则多采用交流感应电机，主要是出于稀土资源匮乏以及降低电机成本的考虑，其劣势则主要是转速区间小，效率低，需要性能更高的调速器以匹配性能。特斯拉公司在其本代车型 Model S 和 Model X 上采用的均是自行设计的交流感应电机，如图 2-1-3 所示。我国稀土资源丰富，因此电动乘用车多采用功率性能高、体积较小的永磁同步电机。

图 2-1-3　Model S 使用的交流异步电机

1.2 驱动电机系统的主流供应商

目前，新能源汽车驱动电机系统的厂商主要包括两类，如图 2-1-4 所示。

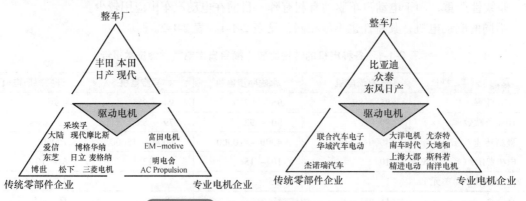

图 2-1-4　新能源汽车驱动电机的厂商

第一类是具备驱动电机系统供应链的电动汽车整车企业,由其自有生产能力或关联供应链企业向其供应全部或部分驱动电机系统产品,部分整车厂的驱动电机系统产品也少量外销。这类企业一般为传统汽车制造企业,经过多年积累,具备完整的零部件生产能力。例如宝马、丰田、大众、日产等,其电机系统均为体系内直接供货;国内的主机厂中,比亚迪、北汽新能源、江铃新能源、长安新能源、中通客车、厦门金龙等企业均具备自主供应驱动电机系统产品的能力。

第二类是专业从事汽车零部件供应或专业从事驱动电机系统产品供应的企业,其中包括专业汽车零部件供应商,如采埃孚(ZF)、大陆(Continental)、博世(Bosch)、日立(Hitachi)、现代摩比斯(Mobis)等国际汽车零部件巨头;以及新兴的专业驱动电机系统制造企业,如上海电驱动、上海大郡、精进电动、台湾富田电机(Fukuta)等。

此外,部分传统工业电机、变频器生产企业也依靠在研发、生产上的技术积累,积极转型介入新能源汽车驱动电机系统相关产品的供应,如汇川技术、英威腾、卧龙电气、方正电机、江特电机等。

国内自主车企大多采用国内电机企业;合资、外资车企多选择国外电机配套企业,见表2-1-3。

表2-1-3 新能源汽车驱动电机主流供应商

电机供应商	配套车企	电机供应商	配套车企
日产	日产	大洋电机	东风汽车、华晨汽车、奇瑞汽车、上汽集团、一汽汽车、北汽福田等
本田	本田	中车时代	安凯汽车、北汽福田、大中汽车、丹东黄海、湖南巴士、依维柯、宇通客车、中通客车等
丰田	丰田	浙江尤奈特	海马汽车、力帆汽车、奇瑞汽车、众泰汽车
现代摩比斯	现代、起亚	深圳大地和	广汽、东风汽车、天津清源
EM-motive	戴姆勒	比亚迪	比亚迪
采埃孚	宝马、奔驰、大众、奥迪、路虎	北汽新能源	北汽
大陆	通用、戴姆勒、雷诺	斯科若	吉利
博世	大众、PSA	日产	东风日产
麦格纳	福特、沃尔沃	山东德洋电子	吉利、江南汽车
日立	雪佛兰	上海大郡	上海申沃、上汽集团、厦门金龙、五洲龙、宇通、中通
东芝	福特、日野、大众	精进电动	北汽、北汽福田、戴姆勒
富田电机	特斯拉	南洋电机	安凯客车、苏州金龙、厦门金龙、江淮汽车
日本电产	奔驰	巨一自动化	江淮
AC Propulsion	宝马、广汽	江苏微特利	吉利汽车、华晨汽车、海马汽车、众泰汽车
安川电机	马自达		

从表 2-1-4 可以看出，全球电机控制器市场集中度较高，前三位皆为日企，与其新能源汽车发展领先的状况相匹配；各国的电机控制器供应商所占市场份额与所在国的新能源汽车起步发展时间、领先程度大体相当。

表 2-1-4　新能源汽车电机控制器主流供应商

序号	电控供应商	国别	市场份额（依据配套车型销量计算，百分位四舍五入）	序号	电控供应商	国别	市场份额（依据配套车型销量计算，百分位四舍五入）
1	丰田	日本	35.10%	11	康奈可	日本	1.10%
2	电装	日本	21.90%	12	京滨电子	日本	0.70%
3	三菱电机	日本	11.80%	13	日产	日本	0.70%
4	东芝	日本	5.70%	14	上海电驱动	中国	0.70%
5	International Rectifier	美国	5.20%	15	西门子电驱动	德国	0.40%
6	现代摩比斯	韩国	4.40%	16	上海大郡	中国	0.30%
7	日立	日本	4.40%	17	比亚迪	中国	0.20%
8	大陆	德国	3.30%	18	中科深江	中国	0.20%
9	博世	德国	1.80%	19	江苏微特利电机	中国	0.10%
10	明电舍	日本	1.50%	20	联合汽车电子	中国	0.10%

从电机控制器的配套看，大多数供应商与电机供应商一致，因为电机和电机控制器需要高效匹配，以下对国内外比较知名的新能源汽车驱动电机系统主流供应商做简单介绍。

1.2.1　国外驱动电机系统主流供应商

（1）西门子（SIEMENS）

西门子股份公司是全球领先的技术企业，总部位于德国，创立于 1847 年，业务遍及全球 200 多个国家和地区，专注于电气化、自动化和数字化领域，是世界最大的高效能源和资源节约型技术供应商之一。2014 财年，西门子在中国的总营收达到 64.4 亿欧元，实现稳健增长。西门子已在中国建立了 77 家运营企业，拥有超过 32000 名员工，是中国最大的外商投资企业之一。西门子拥有全球领先的驱动技术，可提供具有各种性能级别和设计形式的电机，功率从 0.06 kW 直至 100 MW，能满足客户所有电机需求。

（2）雷米国际公司（Remy International Inc.）

雷米国际于 1896 年由雷米兄弟设立，总部位于美国，主要产品包括交流发电机、起动机、动力传动等，旗下品牌包括德科雷米（Delco Remy）、雷米（Remy）、World Wide Automotive 以及 USA Industries，在全球拥有包括通用汽车、福特、戴姆勒等主要整车厂在内的 250 多个客户，年销售额 10 多亿美元。雷米国际在美洲、欧洲和亚太地区拥有自己的技术中心，在全球设有 20 多个工厂、客户服务中心或代表处，在中国武汉和荆州建有工厂，在上海设有办事处。

（3）日立汽车系统（Hitachi Automotive Systems）

这家企业成立于 2009 年，产品有发动机管理系统、电子传动系统、行驶控制系统等。它在全球建有 56 家关联公司，其中中国就有 16 家，2013 年集团销售额达 8921 亿日元，营业利润率仅为 5%。为了改善经营，该公司 2013 财年大幅增加设备和研发投资，在智驾方面有所突破,是高端磁材专利拥有者。公司总部位于日本东京,其母公司日立致力于家用电器、电脑产品、半导体、产业机械等产品,是日本最大的综合电机生产商,在日本制造业中是仅次于丰田的第二大公司,在日本全行业中也仅排在丰田、日本邮政、日本电信之后,为日本第四大公司。

(4)大陆集团(Continental AG)

大陆集团创始于 1871 年,总部设在德国汉诺威,是全球第五大和欧洲第二大汽车零部件供应商。集团由五大业务部门组成:底盘与安全系统分部、动力总成系统分部、车身电子系统分部、轮胎分部和康迪泰克分部。其中混合动力及电动车隶属于动力总成系统分部。大陆集团的电机产品有电励磁同步电机、永磁同步电机(PMSM)和感应电机(IM)等。

位于下萨克森州吉夫霍恩的工厂年产能 60000 台电机,生产的电机输出功率峰值为 60kW 或 75kW,可提供极大的转矩。大陆集团的电驱动及混合动力技术的一个重要全球研发中心设在柏林,有大约 280 名专家在此工作。

(5)博世(BOSCH)

博世公司成立于 1886 年,总部位于德国,是全球最大的汽车零部件供应商,在全球成立了 360 多家子公司,业务覆盖汽车、工业技术、消费品、能源和建筑技术等方面,几乎为全球所有的知名汽车企业配套。博世 1909 年进入中国,2016 年博世在华合并销售额达 915 亿人民币。2011 年戴姆勒和博世合资成立 EM-motive 公司,该合资公司主要为电动车生产电动机。自 2012 年开始,该合资公司生产的电动机运用到奔驰的一些小轿车中。到 2020 年该合资公司预期将生产 100 万台电动机。

(6)麦格纳(Magna)

麦格纳成立于 1957 年,1961 年上市,是世界上最多元化的汽车供应商,产品涉及车身与底盘系统、内外饰系统、座椅系统、动力总成、镜像系统、车顶系统、汽车电子等多个方面。2014 年销售额 366.4 亿美元,达到历史新高。公司总部位于加拿大,在全球 29 个国家投资了 312 家工厂以及 83 个研发和销售中心,员工达到 12 万多人。其中在中国设有 39 家,员工人数近万名。早在 1989 年,麦格纳就开始涉足电动车领域的研发,并曾为菲亚特设计过熊猫艾丽卡电动车。到目前为止它几乎能够生产电动车所包含的所有零部件。2009 年,福特和麦格纳联合开发了福特 Focus EV 的电机驱动系统。

(7)佩特来(Prestolite Electric)

佩特来集团始创于 1911 年,是世界三大车用重型电气供应商之一,掌握着国际领先的车用重型电气的设计制造技术,有着历史悠久、精益求精的工程技术及产品创新能力。佩特来集团总部位于美国密歇根州,业务网络覆盖北美、欧洲以及中国总计 4500 个城市,市场份额位居中国第一、北美第二、欧洲第三,其全球主要客户包括戴姆勒、卡特彼勒、康明斯、福特、航星国际(Navistar)、沃尔沃、曼恩(MAN)、大众等。2013 年,大洋电机与 OCM 对佩特来集团的境内外业务进行了联合收购,由大洋电机收购佩特来集团的中国业务(即收购北京佩特来电器有限公司 52% 的股权,该项目已于 2014 年 1 月 24 日完成交割),由 OCM 收购佩特来集团的境外业务。交易完成后,大洋电机和 OCM 及其全资子公司 OCM USA Acquisition Company LLC(以下简称"OCM USA")共同持有佩特来 100% 的股权。

1.2.2 国内驱动电机系统主流供应商

(1)富田电机(FUKUTA)

富田电机创立于 1988 年,资本额新台币 2.1 亿元,年度营业额新台币 10 亿元,旗下事业部区分为专业电动机制造事业部、绿能环保动力事业部。专业电动机制造事业部创立于1988年,产品为标准型电动机、变频式电动机、伺服电动机和主轴电动机,已建立完整的电动机产品线。绿能环保动力事业部创立于2005年,产品为风力发电机,以及电动车、船、飞机的动力设备,并与美国特斯拉公司携手合作完成全世界第一台上市电动跑车(Roadster),更推出5kW风力发电机,朝绿能、节约、省能源方向发展。为满足客户所有需求,公司运用垂直及水平整合相关产业供应链,转投资成立金富田科技、上海鑫永电机、永泰丰科技、寰宇精密,并组成EV绿能环保先进动力联盟,架构完整产品服务系统,创造多赢获利之局面。

（2）上海电驱动（Shanghai Edrive）

该公司研究方向覆盖了节能与新能源车用电驱动系统领域的各个方面。公司多次承担国家863计划电动汽车重大项目、上海市重大科技及产业化项目,为国内外整车企业配套开发电驱动系统200多项,并取得车用电驱动领域多项核心专利。同时公司还主持并参与了多项国家和行业标准的制定、修订工作。公司产品在一汽、奇瑞、东风、长安、华晨、吉利、广汽、长城、上汽、上汽、大众、德国大众、本田、宝马、GM、依维柯、五菱、宇通、中通、广客、恒通、金龙、百路佳、扬子江、北汽、重庆渝安、江铃等国内外知名整车企业中得到广泛应用。公司作为上海汽车电驱动工程技术研究中心的依托单位,拥有系列节能与新能源车用驱动电机系统研发和测试平台,研发能力覆盖各类车用电驱动系统。2015年6月,大洋电机以35亿元收购了上海电驱动100%股份。

（3）精进电动科技（Jing-Jin Electric）

精进电动是我国新能源汽车驱动电机行业的领军企业,是我国第一家把新能源汽车电机产品推向产业化、国际化的公司。目前,精进电动的驱动电机产量、销量和出口量均高居我国新能源汽车电机领域的首位,并已经成为全球产销量领先的独立驱动电机供应商之一。它的客户包括菲斯科、宝马等欧美车企,国内客户包括福田、金龙、中通、恒通、吉利、一汽、广汽、北汽等。目前公司产能达到10万台以上。

（4）大洋电机（Broad-Ocean Electric）

该公司主营产品为空调用、洗衣机用电机;2009年与北京理工大学合作,开发新能源汽车电机;2011年收购宁波科星,拥有永磁材料技术;2013年收购北京佩特莱,进入传统大客车电机领域。公司拥有两个新能源汽车总成方案:一是自主研发,公司2009年开始与北京理工大学合作开发新能源汽车电动机及电驱动系统,技术成熟,是目前销售收入的主要来源;二是合资,新收购的子公司北京佩特莱是与加拿大成立30多年的合资公司,应用得不算太广,但经验积累很好。公司主要客户有北汽（轿车）、福田（重型车）、长安、东风、一汽、宇通等。2013年公司销售收入中50%以上来自于北汽、福田。2015年6月,大洋电机收购知名电机企业上海电驱动,致力成为新能源乘用车驱动电机的领导者。

（5）上海大郡动力（Shanghai Dajun Technologies）

该公司于2005年11月11日成立,主要从事新能源汽车电机驱动系统的研发、生产和销售,目前已覆盖乘用车、轻型商用车、公交车以及工程机械等各类下游需求。上海大郡拥有上汽、东风、长安、北汽、广汽等乘用车客户,以及金龙、申沃、五洲龙、中通、银隆等商用车客户。2014年10月,正海磁材斥资4亿元收购其八成股份,加上此前已持有的股权,正海磁材共持有上海大郡88.68%股权。

（6）浙江尤奈特电机（Zhejiang Unite Motor）

该公司是一家长期致力于永磁电机以及电动车动力总成研发、制造、销售和服务的专业企业，现有自主开发的数十个系列几百个品种规格的电机产品，同时具备电动车电机减速器、差速器和控制器的研发和生产能力，现已与多家国内知名车企建立了紧密的合作关系。

（7）东方电气集团东风电机（DEC Dongfeng Electric）

该公司前身为东风电机厂，始建于1965年，为军工企业，1988年"军转民"，2001年12月，企业整体改制组建为公司并更名为四川东风电机厂有限公司，2010年11月公司重新注册并更名为东方电气集团东风电机有限公司。东风电机在电动车驱动系统领域具有很强的研发能力。20世纪90年代初，东风电机成功为美国休斯公司研发出20kW交流异步电机驱动系统。经过20多年持续研发，公司已成为国家863计划电动汽车重大专项主研单位之一，先后参加过多项863计划电动车驱动相关科研项目，已建成高性能电驱动系统实验室以及年产5万台电动车驱动系统的自动化生产线。东风电机电驱动产品门类齐全，包括直流、交流异步及永磁同步电机等电动车驱动系统；产品功率等级涵盖小功率场地车、轿车、中型客车、大型公交车以及市政专用的环卫、物流等电动车型；产品适用于纯电动、混合动力和燃料电池三类电动汽车。

（8）万向集团（Wanxiang Group）

万向集团创建于1969年，公司主业为汽车零部件开发制造，列入国务院120家试点企业集团和国家520户重点企业行列。公司在国内已形成6平方千米制造基地，与一汽、东风、上汽、广汽等整车企业建立了稳定的合作关系，主导产品市场占有率在60%以上。公司在美国、英国、德国等10个国家拥有22家公司，40多家工厂，海外员工超过万人，是通用、大众、福特、克莱斯勒等国际主流汽车厂配套合作伙伴，主导产品市场占有率为12%。它是目前世界上专利最多、规模最大的专业万向节制造企业。公司积极发展清洁能源，投资建成国内最大规模的锂离子电池生产基地。2012年12月，万向集团出资2.57亿美元收购美国A123系统公司，该公司专门开发和生产供电动汽车使用的锂离子电池和能量存储系统，也是菲斯科生产的电动汽车"卡玛"的电池供应商。2014年公司成功收购菲斯科。菲斯克和特斯拉一起曾经是美国政府新能源工程的明星企业。菲斯克早在2012年就规划出了较为完整的产品线，包括K、N、P为代表的三大平台产品。万向在完成收购后，帮助菲斯科恢复生产，重新开启新能源汽车市场竞争的大门。通过一系列布局，万向完善了上下游整个产业链的技术储备，加快在新能源汽车领域的发展步伐，成为拥有电池、电机、电控及整车研发与制造完整产业链的企业。

（9）天津松正（Tianjin Santroll）

天津松正成立于2001年3月，2009年，公司决定开始战略转型，进入节能与新能源汽车领域，先后开发并掌握了纯电动乘用车、纯电动客车、纯电动特种车等新能源汽车动力系统关键技术；率先实现混合动力公交车发动机怠速起停，开发了高可靠、高安全的电动液压助力转向产品；累计申请国家专利600余项。2014年底，公司连同云内动力、同济汽车、惠山经济开发区管委会组建无锡同润新能源汽车动力系统技术有限公司，重点开展新能源汽车动力系统集成设计、制造与销售等业务。

（10）江特电机（Jiangte Motor）

该公司现有业务包括电动机、发电机、机械产品、锂离子电池用材料、矿产品等的生产和销售；现有产业可分为电机产业和锂电新能源产业二大产业。公司主要客户为生建机械、环胜机械、奥的斯电梯等，重点产品有新能源环卫车专用HPMA系列以及新能源乘用车专用电机

YPMA22-3000永磁同步油冷电机。2014年,公司重点发展稀土永磁电机,加快电梯电机、电动汽车专用电机的发展速度,并加快江特电动车公司低速电动车的市场开拓力度,实现特种电动车的规模化生产销售。

(11)卧龙电气(Wolong Electric)

该公司创建于1998年,2002年6月在上海证券交易所挂牌上市,年销售额31.46亿元,员工5000多人,旗下拥有4个事业部、14家控股子公司,八大生产基地。2013年公司完成收购ATB公司,ATB是与ABB、西门子齐名的欧洲第三大电气产品制造商,主要产品包括高效、超高效和超超高效电机及各类工程用电机,在欧洲市场占有率超过12%,产品广泛应用于核电工程、采油及炼油工程、环境工程、采矿工程、舰船工程等领域。在德国、奥地利、英国、波兰、塞尔维亚等国家地区拥有十大主要制造基地。公司生产的电动汽车电机目前拥有4个型号的产品,主要用于客车。电动汽车驱动系统的研发已经完成,未来将逐步形成包括电池、电机、电控的电动汽车核心产业链。

(12)深圳大地和(Shenzhen Greatland)

该公司前身是一家市属事业型科研单位,成立于1996年,一直致力于永磁同步电机、交流异步电机及其驱动系统的研发,于2005年改制,并成立了现在的深圳市大地和电气有限公司,2010年7月成为中国宝安集团的控股公司,于11月16日搬入光明新区贝特瑞科技园的新厂房,开始向批量生产和规范化管理的模式转变。公司现新能源电机产能达2万台,在市场上已占有一席之地,得到如一汽、东风、众泰、长城等众多客户的肯定。

(13)浙江方正电机(Zhejiang Founder Motor)

该公司成立于2001年,2007年上市,2009年成立汽车驱动电机事业部。2011年7月,公司完成产品结构调整,形成了以汽车用电机(新能源汽车用驱动电机为主)、电脑高速自动平缝机及伺服控制系统、多功能家用缝纫机电机为主的三大主营业务;确立了新能源汽车驱动电机为主的产品发展战略。

(14)大连天元电机(Dalian Tianyuan Electrical)

大连天元电机有限公司是由大连第二电机厂于2003年经过公司化改制而成立的。公司主要生产风力发电机、节能与新能源汽车用驱动电机、特种电机等,其中传统电机产品在国内知名度较高。2005年公司为深圳五洲龙汽车有限公司开发出节能与新能源汽车用电机,各项性能指标均达到国外同类产品水平,现已成为国内著名汽车制造厂的主流供应商,客户包括中通、一汽客车等。

(15)大连电机集团(Dalian Motors Group)

大连电机集团有限公司是由原大连电机厂改制成立的,是中国电机生产骨干企业之一。近年来,在新能源及电动汽车方面,公司已经试制了从200W空冷到160kW水冷车用电机等多款产品,能满足各种车型的需要,并被科技部列入国家863计划,已经通过验收。公司现已为华晨金杯、郑州日产等客户批量供货。

2. 新能源汽车驱动电机性能要求

2.1 技术参数

(1)电机的运转

在电机运行期间,混合动力汽车或纯电力汽车的变频器往往通过使用脉宽调制(PWM)或其他调节方法产生三相交流电,并在电机的定子绕组中创造一个转动的电磁场。定子的电磁场会与电动机转子中的磁场（若是永磁电机）或电磁场（若是感应电机）相互作用，使转子转动。

学生和技术人员或许会对直流电机的运行方式比较熟悉，例如起动电机（直流有刷电机），它使用电刷进行整流以保证定子励磁线圈与旋转电枢如预期一样相互作用。而交流电机内则没有电刷，相反，交流电机通过变频器来进行整流，以校正定子绕组的电磁场与转子的位置。

为了计算转子的相对位置，混合动力汽车和纯电动汽车需要使用绝对位置传感器提供的信息：这是一个不论转子位置或速度如何，都能测定转子位置的传感器。最常用的绝对位置传感器是旋转变压器。变频器还能随需求来停止、开启、保持或翻转旋转磁场。

（2）电机转速和转矩

当电机作为电动机运行（正转）时，它的转速由变频器供给的交流电频率所决定，如图2-1-5所示。电动机产生的转矩大小与带动形成转矩的电流大小成大致比例。

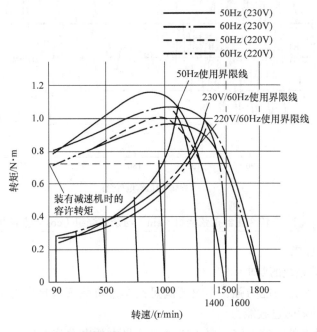

图 2-1-5　电机转速和转矩的关系

（3）发电机的运转

为产生电流发电，需有外部机械力使电机的转子转动。这一外力可来自于混合动力汽车和纯电动汽车转动的车轮（如在再生制动的时候），或者来自于混合动力汽车内部的内燃机，通常表现为电机反转。

转动的转子能在电机定子绕组内形成感应电磁场，继而在定子绕组内产生感应交流电，为汽车的电池组充电，或驱动第二电动机（MG2）运转。

（4）反电动势

因为电磁感应，任何时候（包括作为电动机运行时），交流电机的转子都会在定子绕组中产生感应电压。这一电压被称为反电动势（back EMF），与电机作为发电机运行时变频器产生的电压相反。

随着电机转速提升，转子在定子绕组中旋转速度加快，反电动势自然升高。为了转动发动机并且在给定的转速下产生相应转矩，混合动力和纯电动汽车的变频器在相同的转速（r/min）

下须产生比电机的反电动势更高的电压。

一些混合动力汽车和纯电动汽车变频器中使用的升压转换器,能将汽车动力电池包提供的电压提高 2~3 倍,以克服电机的反电动势并提高最大运转速度。还有另一种称为"磁场削弱"的电机控制方式,在电机高速运转时,以减少转矩输出为代价,使速度最大化,减弱反电动势。旋转变压器使用励磁绕组的磁场使正弦绕组以及余弦绕组产生不同的感应电压。正弦绕组的感应电压输出与余弦绕组的感应电压输出相互协调,用于判定转子位置和速度,如图 2-1-6 所示。

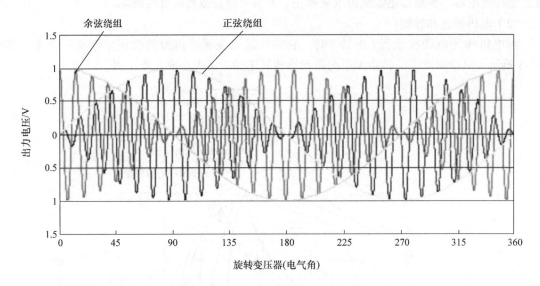

图 2-1-6　旋转变压器正弦绕组(sin)与余弦绕组(cos)感应电压相对位置

2.2　主要性能要求

(1) 对动力驱动系统的要求

1)起动力矩大和过载能力强,不仅要满足汽车带负载频繁起步要求,同时还希望在加速和上坡时,有一定的短时过载能力。

2)限制电机过大的峰值电流,要小于蓄电池最大放电允许电流以免损坏。普通电动机起动电流较大,需设法改善电机的起动特性。

3)调速范围宽,在高、低速各工况均能高效运行,需电机有较宽调速范围,并保持理想调速特性。通常电机在所设计额定功率及其转速附近运行效率较高,而远离额定点效率必降低,为此将提出多级额定转速设计,以减化机械传动而减少其摩擦损耗和车载质量。

4)电机能够正反转运行,使汽车倒车时不必切换齿轮来实现倒档。

5)方便、高效地实现发电回馈,使汽车降速制动和下坡滑行时经电机,将更多动能转换为电能回馈给蓄电池来提高续驶里程。

6)设法使电机同时具有电磁制动功能。因电磁制动的动态响应极快,可及时准确地对前、后、左、右车轮制动力适宜分配,提高汽车安全性。

7)调速响应快。提高电机动态响应性可改善行驶中各控制性能。

8)运行平稳及可靠性高。利用其故障容错性等,确保电动汽车故障时仍能"跛脚回家",以避免交通堵塞。

（2）对驱动电机自身的要求

1）高电压。主要优点是可以减小电机的尺寸、降低逆变器的成本以及提高能量转换效率等。提高电机电压的典型例子是丰田公司的 THS-Ⅱ 混合动力系统。该系统电机采用的电压由 THS 系统的 201.6V 提高到的 650V，在电机尺寸和质量变化不大的前提下，使电机的功率、转矩和转速范围扩大。

2）高转速。在产品技术文件规定的负载下，电机应能达到产品技术文件规定的最高工作转速限值。现代电动汽车的电机转速可达 8000~12000 r/min，甚至更高（图 2-1-7）。

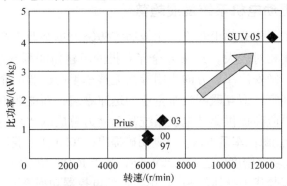

图 2-1-7　电机比功率和转速的关系

3）转矩密度和功率密度大、质量轻、体积小。转矩密度、功率密度分别是指最大转矩体积比和最大功率体积比。采用铝合金外壳可以降低电机的质量；各种控制装置和冷却系统的材料也应尽可能选用轻质材料。从图 2-1-8 可以看出，SUV 的转矩质量比与 Prius 相比增加了 9%。

4）具有较大的起动转矩和较宽范围的调速性能。为满足起动、加速、行驶、减速、制动等所需的功率与转矩，应具有较大的起动转矩和较宽范围的调速性能；应具有自动调速功能，减轻操纵强度，提高舒适性，达到内燃机汽车同样的控制响应；电机的转矩特性是小于基速时为恒转矩，随着车速（电机转速）的升高转矩逐渐降低。

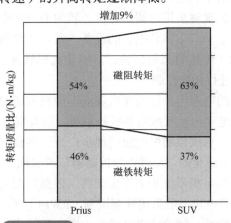

图 2-1-8　电动机的转矩质量比的比较

5）较大的过载能力。电动汽车的驱动电机一般需要有 4~5 倍的过载，以满足短时加速行驶与最大爬坡度的要求。而工业驱动电机只要求有 2 倍的过载。

6）高效率。在额定电压下，电机、控制器、电机系统的最高效率应符合产品技术文件规定。在额定电压下，电机、电机系统的高效工作区（效率不低于80%）占总工作区的百分比应

53

符合产品技术文件规定。

7）可兼作发电机使用。新能源汽车结构的不同，有的混合动力汽车既有电动机，又有发电机，如丰田Prius。由于采用了混联式结构，电动机和发电机二者兼有，并且通过行星齿轮机构耦合在一起。

为减少汽车的自重和节省空间，绝大部分混合动力汽车的电动机均可兼作发电机使用，以回收汽车制动和减速时的能量。

3. 新能源汽车驱动电机系统发展趋势

目前国内电动汽车大部分仍由北汽、比亚迪等传统汽车企业生产，因此整车企业自供驱动电机系统组件占比相对较大。2016年全年获批的新建新能源汽车企业已经达到7家，且其中不乏长江汽车、敏安汽车、万向集团等尚无整车生产经验的企业。随着新能源汽车专业制造企业尤其是轻资产型互联网汽车企业的迅速崛起，新能源汽车产业链分工细化成为必然趋势，第三方供应商提供驱动电机系统甚至动力总成的比重将逐步上升。

国家"十三五"新能源汽车重点研发计划明确提出，2020年，我国驱动电机峰值功率密度应达到4.0kW/kg，连续功率密度应达到2.2kW/kg，基于IGBT功率模块的电控器功率密度达到17kW/L，基于第三代宽禁带半导体的Sic功率模块的电控器功率密度达到36kW/L，较目前性能均实现倍增。在此目标下，实现驱动电机系统成本的下降一般通过两种方式实现：

1）通过推出集成度高的电驱动总成来降低系统总质量，从而提高功率密度，降低成本，如大陆、麦格纳等企业推出的，电力电子与驱动电机总成、驱动电机与减速器总成、混合动力总成模块等，此种方式一般为欧美等企业采用。

2）通过采用部分组件非金属化降低系统质量和成本，包括转动枢轴、支撑组件等，采用耐磨非金属材料进行替代，或通过结构设计对包括电机极槽比、齿槽比与裂比等进行多重优化，从而提高单台电机材料用量，此种方式多为日韩等电机企业采用。

电机控制器在传统汽车的车载电机中已有应用，通过功率半导体、微处理器等电力电子器件，采用中低压变频等方式实现对车用空调压缩机、转向助力泵电动机等进行调控的功能。电动汽车电机控制器作为控制电动汽车驱动电机的设备，通过接收整车控制器和控制机构（制动踏板、加速踏板、变速机构）传送的控制信息，对驱动电机转速、转矩和旋转方向进行控制，并可同时对动力电池的输出进行相应控制。

目前，部分"多合一"的电控产品已经在电动汽车中投入应用，同时集成了传统汽车分立的空调压缩机、转向助力泵电动机、气泵电动机控制器，以及混合动力车型中采用的BSG/ISG电机等。随着微芯片在整车及总成控制中的应用逐步广泛，多合一电控产品的成本有望进一步下降，单一控制器将逐步被集成化的"车辆中央控制器"所取代。

电控系统的设计和标定与电机系统相关程度较高，根据匹配电机的不同，电控系统需要开发不同技术平台。早期的直流电机一般采用脉宽调制（PWM）斩波控制的方式进行控制，控制手段相对单一，应用也有局限性。随着感应电机和永磁电机的大量使用，电控系统的复杂程度迅速上升，矢量控制技术和直接转矩控制技术成为电控产品的主流技术，电动乘用车的普及对于电机和电控系统的集成程度要求也越来越高。可以预见的是，未来电机与电控企业的业务交叉程度将逐步提高，可提供电机电控一体化动力总成产品的企业将有助于整车企业进一步降低车重和成本，将具有更大的竞争力。

项目 2 驱动电机的结构与检修

四、任务实施

1. 任务准备

安全防护：注意保护防护。

工具设备：无。

台架车辆：电子元件展示柜（行云新能 INW-DZG）、电机解剖实训台（行云新能 INW-EV-M4）。

辅助资料：产品说明书、教材。

2. 实施步骤

2.1 驱动电机的识别

电机图片	电机类型	电机特点

2.2 主流驱动电机的应用

写出以下车型所使用的驱动电机类型以及生产企业。

应用车型	驱动电机类型	生产企业
PRIUS		
比亚迪 e5 300		
北汽 EV200		
纯电动大巴		
特斯拉		

任务 2　永磁同步驱动电机的结构与检测

一、任务引入

混合动力汽车和纯电动汽车动力系统中的电机会给技术人员的维修操作带来一些需要注意的安全问题。例如，虽然电机在静止时不能产生电，但接触电机与变频器的连接仍可能存在触电隐患，因为在电机不运行的时候变频器可能仍带有高压电。很多混合动力汽车和纯电动汽车的电机使用磁性极强的永磁体。这些永磁体在运行过程中会产生一个强大的磁场，有可能会影响人们随身携带的电子设备或者植入式医疗电气器件，例如心脏起搏器和除颤器。绝大多数的制造商不建议对组装完成的电机进行拆解。若技术人员尝试拆分电机或移除永磁转子，可能会导致电机受损或使自己受伤。

二、任务要求

知识要求：

- 掌握永磁同步驱动电机的外部特征。
- 掌握永磁同步驱动电机的结构组成。
- 熟悉旋转变压器的工作原理。

技能要求：

- 会进行永磁同步驱动电机组件的更换。
- 会进行永磁同步驱动电机相关信号的检测。

职业素养要求：

- 严格执行汽车检修规范，养成严谨科学的工作态度。
- 尊重他人劳动，不窃取他人成果。
- 养成总结训练过程和结果的习惯，为下次训练积累经验。
- 养成团结协作精神。
- 严格执行 5S 现场管理。

三、相关知识

1. 驱动电机的外部特征

1.1　标志与标识

（1）引出线和接线端

电机和电机控制器动力线或接线端应有明显的标志。电机各相动力线或接线端的标志应符合 GB 1971—2006 的规定；控制器动力输入接口的正、负两极，分别采用"+""−"标志，控制器与电机各相对应的动力线或动力接线端，应与电机相应的标志一致。

（2）电机铭牌

电机铭牌包括制造厂名、型号、编号、名称，以及主要参数（额定功率、额定电压、额定转速、相数、工作制、冷却方式、峰值功率、最高工作转速、绝缘等级、防护等级）等信息；例如：图 2-2-1 所示为比亚迪 e5 车型驱动电机铭牌信息。

a) 电机铭牌位置

b) 电机铭牌

图 2-2-1　比亚迪 e5 驱动电机铭牌信息

在技术文件中使用电机型号名称来准确识别电机。电机型号名称由尺寸规格代号、电机类型代号、信号反馈元件代号、冷却方式代号、预留代号等部分组成，图 2-2-2 所示为一个示例。

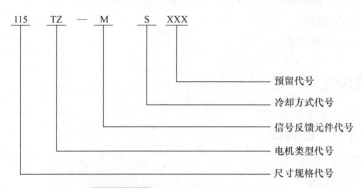

图 2-2-2　电机型号的命名示例

1) 尺寸规格代号：一般采用定子铁心的外径来表示，对于外转子电机，采用外转子铁心外径来表示。

2）电机类型代号：

① KC——开关磁阻电机。

② TF——方波控制型永磁同步电机。

③ TZ——正弦控制型永磁同步电机。

④ YR——异步电机（绕线转子）。

⑤ Y——异步电机（笼型）。

⑥ Z——直流电机。

⑦ 其他类型电机的类型代号由企业参考 GB/T 4831—2016 进行规定。

3）信号反馈元件代号：

① M——光电编码器。

② X——旋转变压器。

③ H——霍尔元件。

④ W——无传感器。

4）冷却方式代号：

① S——水冷方式。

② Y——油冷方式。

③ F——强迫风冷方式。

④ 非强迫冷却方式（自然冷却）不必标注冷却方式。

5）预留代号：用英文大写字母或阿拉伯数字组合，其含义由厂家自行确定。

电机上标有用于明确识别和匹配的拓印号，电机拓印号与内燃机类似，获得主管部门批准时也需要该拓印号。在电机型号下方是电机编号，利用该序列号和电机型号组成的拓印号可明确识别每个电机。图 2-2-3 所示为比亚迪 e5 驱动电机拓印号信息。

图 2-2-3 比亚迪 e5 驱动电机拓印号信息

1.2 技术数据

（1）比亚迪 e5 驱动电机

比亚迪 e5 车型采用交流永磁同步电机，是汽车的动力源之一，向外输出转矩，驱动汽车前进或后退；同时也可以作为发电机发电（例如，在滑行、制动过程中的动能通过电机转化为电能存储）。表 2-2-1 汇总了该电机的性能数据。

表 2-2-1　比亚迪 e5 驱动电机性能数据

电机最大输出转矩： 310N·m/(0～4929r/min)/30s	电机额定转矩： 160N·m/(0～4775r/min)/持续
电机最大输入功率： 160kW/(4929～12000r/min)/30s	电机额定功率： 80kW/(4775～12000r/min)/持续
电机最大输出转速（包括驱动最高输入转速和随动最高输入转速）：12000r/min	电机重量： 65kg
电机散热方式： 水冷	电机轴中心与差速器中心的距离： 239mm
螺纹胶型号： 赛特 242	密封胶型号： 耐油硅酮密封胶 M-1213 型
变速器润滑油量： 1.8L	变速器润滑油类型： 齿轮油 SAE80W-90 （冬季环境温度低于 -15℃地区推荐换用 SAE75W-90）

（2）丰田普锐斯驱动电机

丰田普锐斯混合动力系统采用了两台驱动电机：发电机（MG1）和电动机（MG2）。其结构紧凑、重量轻、高效，为交流永磁同步电动/发电机。其技术参数见表 2-2-2、表 2-2-3。

表 2-2-2　发电机（MG1）参数

项目	新车型	旧车型
类型	永磁电机	永磁电机
功能	发电机、发动机起动机	发电机、发动机起动机
最高电压 /V	AC500	AC273.6
冷却系统	水冷	水冷

表 2-2-3　电动机（MG2）参数

项目	新车型	旧车型
类型	永磁电机	永磁电机
功能	发电机、驱动车轮	发电机、驱动车轮
最高电压 /V	AC500	AC273.6
最大输出功率 /kW	60	33
最大转矩 /N·m	400	350
冷却系统	水冷	水冷

MG1 发电机采用三相交流方式，为动力电池组充电并为 MG2 电动机供电。通过调节发电量（改变发电机的转速），MG1 有效地控制变速驱动桥的连续可变变速器的功能。MG1 发电机同样用作起动机以起动发动机。丰田普锐斯混合动力系统中采用了"再生制动器"，它利

用 MG2 电动机的发电来再次利用动能。MG2 电动机通常在通电后开始转动,但是反过来由外界力量带动 MG2 电动机旋转时,它又可作为发电机来发电。因此,利用驱动轮的旋转力带动 MG2 电动机发电,在给动力电池组充电的同时,又可利用发电时的电阻来减速。

2. 永磁同步驱动电机的结构组成

永磁同步驱动电机由定子绕组、定子铁心、转子铁心、旋转变压器、电源动力引出线、水冷系统、机壳等组成,其结构示意图如图 2-2-4 所示。

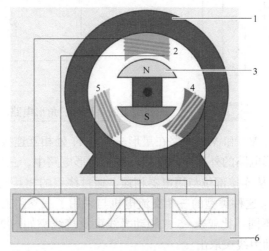

1—机壳 2—绕组 U 3—转子 4—绕组 V 5—绕组 W 6—三相电流的相位

图 2-2-4 带有永久磁铁的同步电机的结构

2.1 驱动电机的定子和转子

(1)定子和三相绕组

永磁同步电机的定子是由导磁的定子铁心和导电的定子绕组以及固定铁心和绕组用的一些部件组成的,这些部件是机座、铁心压板、绕组支架等。

为了能够产生旋转磁场,需要 3 个相对其中心轴旋转 120° 的绕组。通常这 3 个绕组被安装在三相交流电机的定子铁心上,如图 2-2-5 所示。

图 2-2-5 比亚迪 e5 电机定子绕组

三相绕组以星形电路或三角形电路连接，如图 2-2-6 所示。根据需要选择使用哪种电路。各相绕组之间的相位差为 120°。

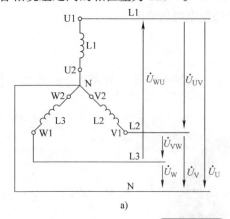
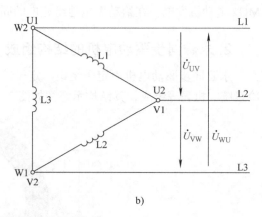

图 2-2-6　三相绕组的星形和三角形电路

在星形电路中，U2、V2 和 W2 支路在星形交叉点 N 处相互连接在一起。每个支路的起始点 U1、V1 和 W1 与星形电路的外部导体连接。在三角形电路中，三相绕组的头尾端依次连接。外部导体 L1、L2 和 L3 从连接部位与用电器相连。通过绕组的相互连接在布线时三个相位 L1、L2 和 L3 仅需三条导线。这种类型的三相交流电机与采用了三支路三相绕组定子基本相同的结构，只是定子结构稍有不同。比亚迪 e5 三相动力线束及接线座如图 2-2-7 所示。需要打开电机接线盒盖，才能将三相动力线束取出。

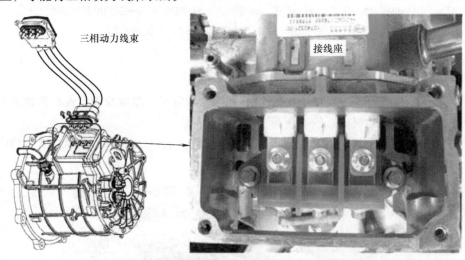

图 2-2-7　三相动力线束及接线座

三相交流同步电机可作为由三相电流驱动的电动机或产生三相电流的发电机使用。在发电站中，同步电机主要作为可以产生电能的发电机使用；在车辆中，同步电机也可作为发电机为用电器提供电能和为动力电池充电。如今在中等功率范围内很少使用同步电机，但是这一现象即将改变，因为在混合动力车辆上将会大量使用同步电机，图 2-2-8 所示为普锐斯混合动力车辆使用的同步电机内部结构。

项目 2　驱动电机的结构与检修

图 2-2-8　丰田普锐斯混合动力系统的电机内部结构

（2）永磁式转子

通过永久磁铁（小型电机）或电磁铁（大型电机）在同步电机的转子中产生磁场。电磁铁转子需要安装滑动触点，相对较小的电流通过该触点流入转子绕组。

永磁同步的电机转子上有永久磁铁，有北极和南极，如图 2-2-9 所示。

永久磁铁转子因为定子线圈的吸引和排斥旋转。图 2-2-10 所示为比亚迪 e5 驱动电机转子。有刷直流电动机依靠机械换向器，将直流电流转换成近似梯形波的交流电流。而无刷直流电机是将变频器产生的方波交流电流直接输入电机定子绕组，省去了机械换向器和电刷。

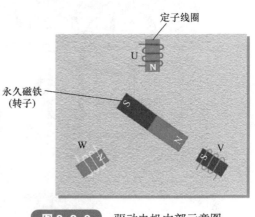

图 2-2-9　驱动电机内部示意图

图 2-2-10　比亚迪 e5 驱动电机的转子

同步电机在新能源车辆中已广泛使用。因为借助永久磁铁转子不必使用其他外部能量就可以产生磁场，所以这种电机具有非常高的功率密度和效率（>90%）。

63

2.2 驱动电机的传感器

（1）温度传感器

为避免因温度过高而造成组件损坏，有很多电机使用负温度系数（NTC）传感器来监控电机定子绕组的温度。负温度系数传感器的电阻会随着温度的升高而降低，随着温度的降低而升高。这种传感器通常被放置在绕组内部，但也可能被置于绕组外部或放置在驱动桥润滑油中（混合动力汽车）。如图2-2-11所示为比亚迪e5驱动电机温度传感器，不直接测量转子温度，而是根据定子内的温度传感器测量值进行确定，其信号以模拟方式由电机控制器读取和分析。

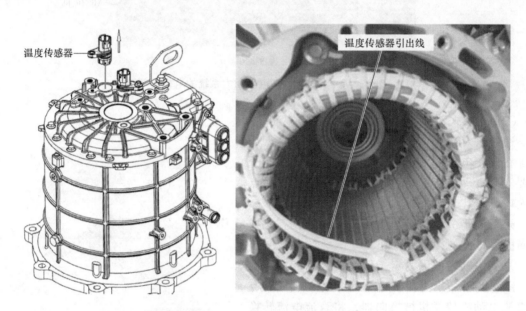

图 2-2-11　比亚迪 e5 驱动电机温度传感器

大多数电机的温度传感器并不耐用，需要随着汽车电机或驱动桥总成的更换进行置换。一些电机甚至没有温度传感器。在这种情况下，这些汽车控制系统则需要通过其他数据对电机的温度进行推断。

若电机的温度升高至临界值，混合动力汽车和纯电动汽车控制系统将会限制电机的最大输出并设置诊断故障码（DTC），并同时或仅在汽车仪表板上显示警告灯。

（2）旋转变压器

为了达到电机静止起动和全转速范围内转矩波动的控制目的，需要利用旋转变压器（可简称"旋变"，某些车型称为"轴角传感器"）精确地测量电机转子磁极位置和速度。旋变是一种常用的伺服电机旋转编码器，与光电编码器相比，旋变抗振性能好，可以安装于恶劣的使用环境中，精度比光电编码器差一些。但绝大多数场合下，旋变的精度还是能满足要求的，是否需要抗振成了是否选择旋变的关键因素。

旋变的本质是一个变压器，如图2-2-12所示。关键参数也与变压器类似，比如额定电压、额定频率、变压比。

项目 2　驱动电机的结构与检修

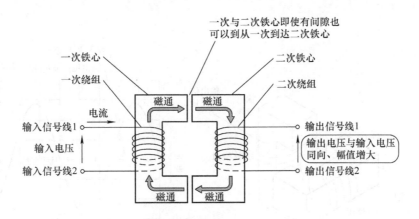

图 2-2-12　旋变原理

与变压器不同之处是，它的一次侧与二次侧不是固定安装的，而是有相对运动。随着两者相对角度的变化，在输出侧就可以得到幅值变化的波形，如图 2-2-13 所示。

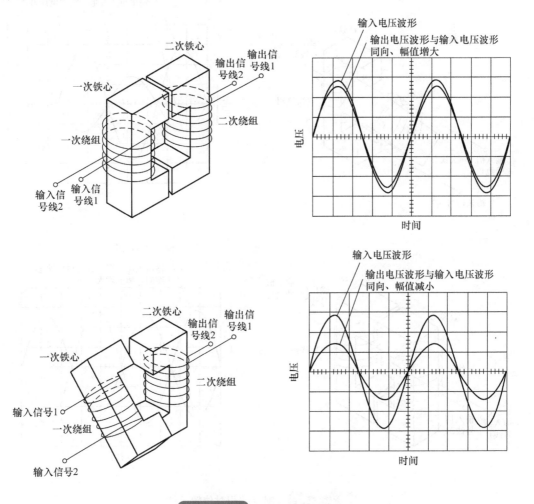

图 2-2-13　旋变的相对位置

65

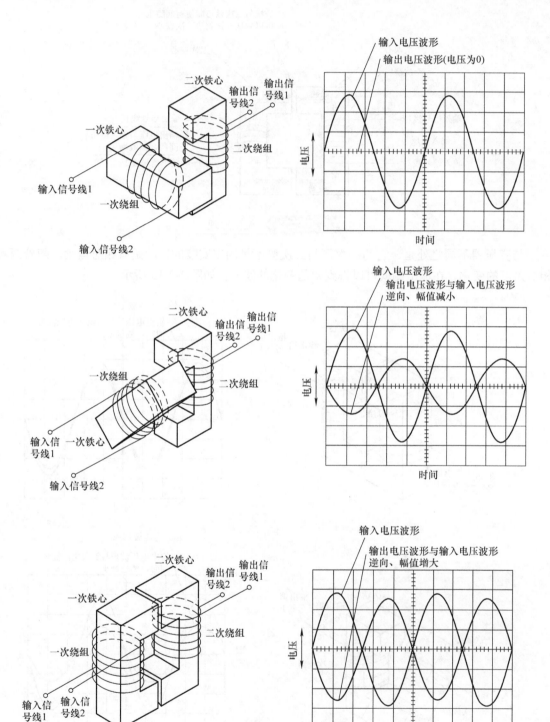

图 2-2-13　旋变的相对位置（续）

旋变就是基于以上原理设计的：输出信号幅值随位置变化而变化，但频率不变。旋变在实际应用中，设置了两组二次线圈，两者相位差为90°，从而可以输出幅值为正弦与余弦变化的两组信号，端子号S1～S4，励磁绕组端子号是R1和R2。旋变内部结构如图2-2-14所示。

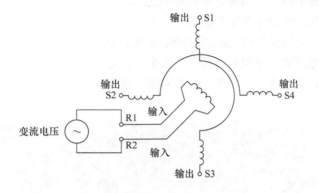

图 2-2-14　旋变内部原理图

输入电压频率是高频信号，一般在10kHz左右，这个频率是旋转变压器的工作频率如果频率高了，阻抗就大了，输出信号强度就不够了；频率低了，电流就大了，可能损坏旋转变压器。这样加高调频励磁输入后，输出侧也有同样频率的输出，再加上角度旋转，输出侧的幅值也发生变化，最终输入输出波形如图2-2-15所示。

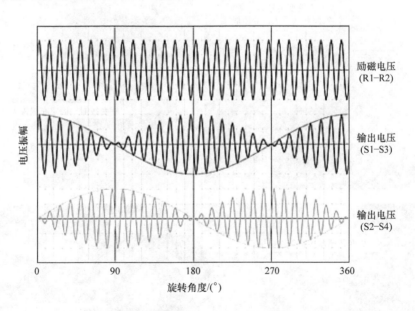

图 2-2-15　旋变输出电压振幅变化

旋转变压器检测电机的转速、旋转方向（正转或反转）、电机位置（旋转角度），如果旋变信号失效或丢失，车辆将无法起动，相当于发动机上的曲轴位置传感器。不论转子的速度是多少，旋转的方向是哪边，旋转变压器都是能精确测量电机的转子位置的传感器。

旋转变压器有电磁感应、霍尔式两种。旋转变压器固定在电机定子上，如图2-2-16所示。监测转子磁场相对于定子绕组的位置，并在确定的相对位置上发出信号控制功率放大元件（变频器），使定子绕组中的电流方向进行切换。旋转变压器由以下5个主要部件组成：

1）励磁绕组的转子铁心，随着电机的转子旋转。
2）励磁绕组，能产生固定频率的磁场。
3）正弦绕组，感应励磁绕组的磁场并产生正弦信号。
4）余弦绕组，感应励磁绕组的磁场并产生余弦信号。
5）不同极对数的定子铁心，三种绕组都缠绕在其上。

图2-2-16　比亚迪e5旋转变压器安装位置

项目2 驱动电机的结构与检修

电机控制模块能产生信号,控制励磁绕组的通断。从正弦绕组和余弦绕组返回的信号互相偏移,通过模数转换处理器转变为数字信号。模数转换处理器通常与旋转变压器在同一个控制模块中。控制模块可以通过同时参照正弦和余弦绕组的感应电压输出,判定任何时间点转子位置。通过不断地比较正弦和余弦绕组的感应电压输出,控制模块可以监控转子的位置,从而判定转子的速度和转动的方向。再结合电压、电流信号和转子位置,控制模块甚至可以计算出电机的输出功率(转矩),并且将其与电机的需求转矩比较。

旋转变压器的磁场通常是不可控的。因此在一些车型中,旋转变压器或者电机更换后,必须在其控制系统中重新写入偏移补偿量(resolver offset)。若没有更新偏移补偿量,该汽车可能会在预设模式下运行,这可能会限制电机的输出功率。

四、任务实施

1. 任务准备

安全防护:做好车辆安全防护与隔离(车内外三件套、车轮挡块、警示隔离带等)。

工具设备:数字万用表、毫欧表、绝缘电阻表、绝缘防护用品、绝缘工具套装、常规工具套装。

台架车辆:电机拆装实训台(行云新能 INW-EV-M3)、电驱动系统实训台(行云新能 INW-EV-D1)、比亚迪 e5 分控联动系统(行云新能 INW-EV-E5-FL);比亚迪 e5 教学版。

辅助资料:维修手册、教材。

2. 实施步骤

2.1 比亚迪 e5 电机信号检测与总成的更换

2.1.1 电机信号的检测

(1)电机三相定子绕组故障的检测

电机定子绕组的绝缘性能可能会随时间推移减弱,使得各相内部或两相位之间出现短路。这种情况可能会导致电动汽车的控制系统进行报错(例如:电机电流超限)。由于为了诊断电动汽车的故障而将驱动桥移除或拆下通常是超预算的浪费,技术人员可能被要求在不拆下驱动桥或变速器的前提下诊断出故障。有些汽车制造商会要求技术人员对电机的定子绕组进行某些测量,以作为对电动汽车的自检系统的补充。

作为技术员,应该能在不拆解电机的情况下正确诊断出电机部件的故障,这些测量包括:测量三相定子绕组的电阻值;测量定子绕组三相电缆对其部件接地之间的绝缘电阻值;测量电机电缆对电缆屏蔽层的绝缘电阻值(较少进行这项测量)。

电机三相电缆的端口通常标识有字母 U、V 和 W;有些情况下每个三相电缆端口均有字母标识(如 A、B、C),如图 2-2-17 所示。其他一些情况下电缆端口无标识,技术人员必须根

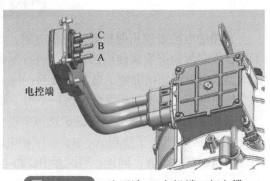

图 2-2-17 比亚迪 e5 电机端三相电缆

据维修资料确定每个电缆端口的相位标识。要对电机电缆端口进行测试,可能必须卸下一些部件。具体检测包括以下几项。

1)测量三相定子绕组的电阻值。虽然有时能通过对比电机三相绕组之间的电阻检测故障,但是电机定子绕组通常以星形联结的方式缠绕在一起,没有可直接接触到的中性端口。这可能会妨碍技术人员对单相定子绕组电阻的测量,因此技术人员必须测量接入电机的三相电缆的端口并且将这三相端口两两成组,来测量各组的电阻。

混合动力汽车和纯电动汽车的电机定子绕组电阻值很小。不同的车型,定子绕组电阻可能小至 0.01Ω,也可能大至 0.2Ω。电阻的性能规格一般来说会是一个十分小的范围,达标和未达标电机绕组的电阻值差异可能会低至 0.001Ω。一些汽车制造商会提供小于 0.0001Ω 的电机绕组。

很多常见的数字万用表只能精确到 0.1Ω(100mΩ),因此不能达到测量电机绕组所要求的精确度。为了精确地测量出小于 1Ω 的电阻值,技术人员需要使用毫欧表(图 2-2-18)进行定子绕组电阻的测量,它能测量低于 1mΩ 的电阻。

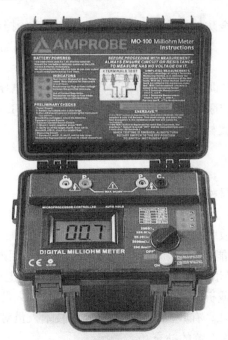

图 2-2-18　毫欧表

常用的电阻表使用两根导线测量电阻,测量时,测试电流和测试电压通过同一电路。与此不同,大多数的毫欧表使用四根导线进行测量。通过这种方式进行测量,电压和电流通过不同的电路,可以增加精确度。通常情况下,每一个连接到电机绕组的仪表都包括两个独立的电路,一个输出电压,用于驱动测量;另一个用于待测回路。

技术人员在测量前必须正确识别每个电机电缆端口的相位。在室温下,使用毫欧表分别测量比亚迪 e5 电机定子绕组 A、B、C 三相电阻,将毫欧表两端子分别接在电控端 A 相、B 相,可测得 AB 间的阻值;同理,可测量 BC 相电阻值、AC 相电阻值,看毫欧表显示电阻值是否在 29.4mΩ ± 2.5mΩ 范围内,且三相偏差不超过 1mΩ。考虑到万用表的精度,三相线阻值的测量数据要求在 1Ω 以内，三组数据接近即认为正常。检测方法如图 2-2-19 所示。

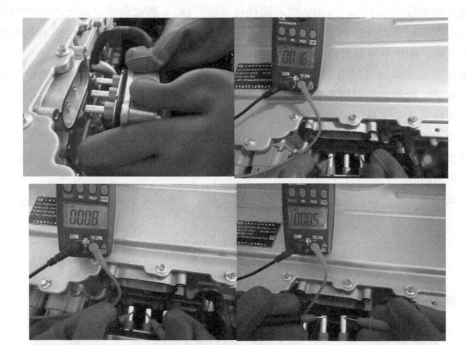

图 2-2-19　三相定子绕组相位电阻检测

2）检测定子绝缘电阻故障。若混动和纯电动汽车的电机定子绕组对地出现短路，警示灯以及故障码会在第一时间显示并发出警告。车载诊断系统会监测汽车的机壳接地线及其高压系统，并监测以下各项之间是否漏电：

① 高压直流电以及机壳或部件接地线。

② 高压交流电以及机壳或部件接地线（此测量较少见）。

车载诊断系统将会设置一个诊断故障码（DTC）。当接地短路已经超过系统故障检测临界值时，系统就会报告故障并提供诊断故障码。不同车型报故障临界值的数值不一定相同，最小也有几百千欧姆。车载诊断系统还能检测高压系统和机壳或部件接地线之间的电量。

在某些情况中，即使系统并没有报告底盘或者部件高压漏电诊断故障码，技术人员亦可在维修手册的指导下进行部件测试。再者，若技术人员无法复现之前的对地漏电的诊断故障码，这时候比较有用的措施是让电机前后转动，并测量电机转子不同旋转位置下的绝缘电阻。高压绝缘电阻也可能会受到电机温度变化的影响。很多混合动力汽车和纯电动汽车的解码器数据流能帮助技术人员查明高压漏电问题的源头。

电机定子绕组绝缘性能可能会随着使用时间逐渐衰弱，导致定子绕组和某接地部件之间产生短路（例如定子绕组对定子铁心或驱动桥壳体短路）。这种情况可能是由于绝缘击穿或者由于内部的振动使绕组接触到了含有接地线路的部件（例如定子铁心或驱动桥）。若汽车的驱动桥流体吸收了大量水分使湿度大幅上升，流体本身就会产生导电性，导致绝缘性能已经下降的定子绕组和壳体接地线之间形成了一个导电通路。

绝缘电阻表是测量定子绝缘电阻的仪器。高压绝缘的部件必须有极高的电阻值，经常是兆欧级别的（百万欧姆级别）。某些电动汽车组件的绝缘电阻的最低规格为 100MΩ，传统的电阻表不能产生足够的测试电压来测量这种组件的绝缘电阻。

绝缘电阻表能产生 50 ~ 2500V 的不同档位直流（DC）测试电压。绝大多数的混合动力汽车和纯电动汽车制造商会公布电机定子绕组的绝缘电阻规格，包括：定子绕组和部件接地线之间的最小电阻；测试绝缘电阻使用的测试电压。

绝缘电阻表的测试电压通常为 250V、500V 或 1000V。由于绝缘电阻表是高电压仪器，技术人员需要保证做到绝缘电阻表制造商和汽车制造商要求的所有安全防护措施。绝大多数绝缘电阻表使用弹簧开关来激活绝缘电阻测量。由于电阻数值在测量期间会不断增大，技术人员在读数前必须一直按住开关，直到电阻数值稳定才能读数。若电阻读数不增加或者电阻读数忽上忽下，则表明受损或者高压绝缘性衰退。具体使用方法请参考《新能源汽车电学基础与高压安全》教材相关内容。

数字式绝缘电阻表以及手摇式绝缘电阻表对三相定子绕组对地绝缘性的检测方法如图 2-2-20 所示。

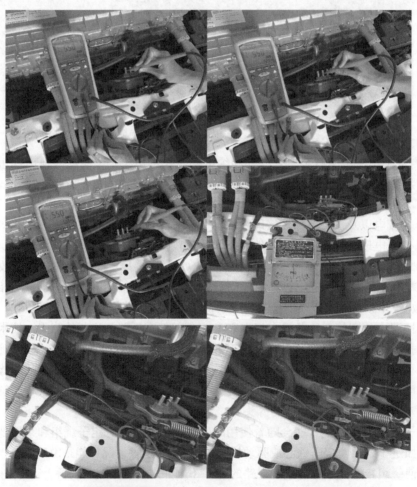

图 2-2-20　三相定子绕组对地绝缘性检测

3）推力测试。配有永磁电机牵引电机（任何时候都与汽车最终驱动器保持机械连接的电机）的混合动力汽车和纯电动汽车能通过简单的空档推力测试进行相间短路测试。为完成该项测试，技术人员必须设置汽车的停车制动，并挂空档，然后将汽车熄火。协助人员需要坐在驾驶座位上控制汽车的制动踏板，而后松开驻车制动，推动汽车，如图 2-2-21 所示。

图 2-2-21　推力测试

　　技术人员可能会被要求完成额外步骤：关闭汽车的电子停车制动（若有）；空载时，关闭汽车电源。以上步骤各种车型不尽相同，因此技术人员须参考汽车厂家维修信息作为指导。

　　相间短路将会使得电机相电流泄漏，使得电机不能顺畅地旋转。这可能会导致车辆很难被推动。推动车辆时，可能会出现颤动或抖动的情况。假定推动力足够大（车速约 2km/h），问题应该很容易察觉到。也可以对已知工况良好的车辆进行推力测试，以做比对。

　　若推力测试暴露出了车辆问题，技术人员应在完成所有的安全防护措施后，将车辆电机电缆从变频器上拆除，并用绝缘胶带包裹电机电缆的端口以防止由于疏忽产生短路，再次测试。若电机不进行匀速旋转并且汽车仍旧很难推动，那么电机出现了问题；如果故障消失，那么变频器短路是产生这类问题的根源。

　　一些混合动力汽车，比如雪弗兰 Volt，它的驱动电机在空档状态下推动会空转，除非接入一个电机螺线管。对于这类车辆，可以临时给螺线管上电后进行推力测试。但是同样的，技术人员必须在进行这样的步骤之前参考汽车厂家维修手册。

　　一些混合动力汽车和纯电动汽车制造商会将推力测试放入汽车厂家的技术培训材料中。例如，丰田混合动力汽车系统诊断课程中，关于驱动桥的部分章节指出"若电机各相之间出现短路会使电机很难转动，汽车也很难被推动，并且在行车过程中车辆会抖动"。

　　（2）电机转子的故障

　　一般来说，转子故障可能会导致定子和转子之间磁场减弱，并导致电机作为电动机运行时产生的动力减少、作为发电机运行时产生的电流减小。转子故障包括以下几种：

　　1）永磁电机转子磁体过热。

　　2）感应电机转子断条或转子破损。

　　许多混合动力和纯电动汽车的制造商开发了车载诊断系统，用以检测转子和定子间电磁场，并且设定了在超过了临界值时应显示的相应故障码。

虽然电机可以通过外部诊断设备进行测量，但很少有制造商会专门提供转子的技术参数。在这样的情况下，技术人员需要自己从运转良好车辆中收集转子数据，并与进行诊断的车辆数据进行对比。当前，转子故障在混合动力汽车和纯电动汽车中并不常见。

（3）传感器信号的检测

1）温度传感器。在 10 ~ 40℃温度下，测量温度传感器电阻时，用电阻表分别连接 3 和 6 端子，查看电阻表显示的电阻值是否在 50.04 ~ 212.5kΩ 范围内。温度传感器端子及定义如图 2-2-22 所示。

2）旋转变压器。在常温下，测量励磁电阻时，用电阻表分别连接 1、4 端子，查看电阻表显示的电阻值是否在标准值的范围内；同理，可测量正弦、余弦电阻值。旋转变压器端子及定义如图 2-2-23 所示。

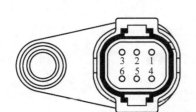

端子号	定义
1	
2	
3	温度传感器：红 +
4	
5	
6	温度传感器：黑 −

图 2-2-22　温度传感器端子及定义

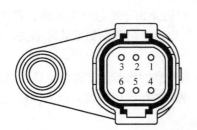

端子号	定义
1	exc+
2	cos+
3	sin+
4	exc−
5	cos−
6	sin−

测量项	标准值 /Ω
励磁绕组电阻	6.5 ± 2
正弦绕组电阻	12.5 ± 4
余弦绕组电阻	12.5 ± 4

图 2-2-23　旋转变压器端子及定义

2.1.2　实训台操作介绍

以下分别介绍比亚迪 e5 分控联动系统（行云新能 INW-EV-E5-FL）、比亚迪 e5 教学版就车检测励磁、正弦、余弦绕组电阻值以及电驱动系统实训台（行云新能 INW-EV-D1）检测大地和电机励磁、正弦、余弦绕组电阻值的操作方法。

（1）比亚迪 e5 分控联动系统（行云新能 INW-EV-E5-FL）与比亚迪 e5 教学版就车检测励磁、正弦、余弦绕组电阻值

1）拆下高压电控总成插头，如图 2-2-24 所示。

端子号	定义	连接
59	励磁 −	电机
60	励磁 +	电机
61	余弦 −	电机
62	余弦 +	电机
63	正弦 −	电机
64	正弦 +	电机

图 2-2-24　高压电控总成插头

2）使用 T 形线以及万用表测量励磁、正弦、余弦绕组电阻值，如图 2-2-25 所示。

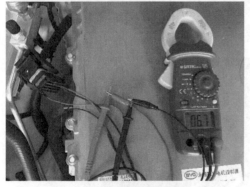

测量项	标准值 /Ω
励磁绕组电阻	6.5 ± 2
正弦绕组电阻	12.5 ± 4
余弦绕组电阻	12.5 ± 4

图 2-2-25　励磁、正弦、余弦绕组电阻值测量

（2）电驱动系统实训台（行云新能 INW-EV-D1）检测大地和电机励磁、正弦、余弦绕组电阻值

1）本次操作使用电驱动系统实训台（行云新能 INW-EV-D1），如图 2-2-26 所示。

图 2-2-26　电驱动台架

2）使用万用表在测量台上测量励磁、正弦、余弦绕组电阻值,端子定义如图 2-2-27 所示。

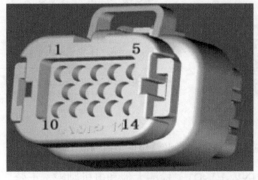

a）电机端插件示意图（型号：AMP776273-1）

图 2-2-27　14PIN 接插件及端子定义

端子号	定义	引线颜色	线号	备注
1	sin10	黄色线	1	
2	sin	绿色线	2	
3	cos10	白色线	3	
4	cos	蓝色线	4	
5	exc−	黑色线	5	
6	exc+	红色线	6	
7	空	空		
8	电机温度1+	灰色线	7	端部
9	空	空		
10	电机温度1−	棕色线	9	端部
11	空	空		
12	空	空		
13	空	空		
14	空	空		

b）14PIN 接插件连接功能定义（两个接插件皆从有标明数字的一端看）

图 2-2-27　14PIN 接插件及端子定义（续）

如图 2-2-28 所示，4 个测试工位，每个测试工位具有 24 个测试口，上面一行对应电机控制器整车低压插头，下面一行对应电机旋变温度插头。

测量项	标准值/Ω
励磁绕组电阻	12 ± 2
正弦绕组电阻	36 ± 4
余弦绕组电阻	36 ± 4

图 2-2-28　大地和旋变测量

2.1.3 电机总成的更换

电机拆卸前，要熟悉电机结构特点和检修技术要领，准备好拆卸所需工具和设备。另外，要清理现场工具，电机外表吹风清扫干净。

向用户了解电机运行情况，必要时，也可作一次检查试验。将电机空转，测出空载电流和空载损耗，同时检查电机各部温度、声响、振动等情况，并测出电压、转速等数据，这些情况和数据对检修后的电机质量检查有帮助。

另外，在切断电源情况下测出电机绕组的绝缘电阻和直流电阻值，对于高压电机还可测出泄漏电流值，以备与检修后进行比较。以上检查和试验数据要详细记录下来。

将冷却液排出，交错拧开用于固定变速器箱体与电机的六角法兰面螺栓(紧固力矩79N·m)，将变速器与电机分离，如图2-2-29所示。

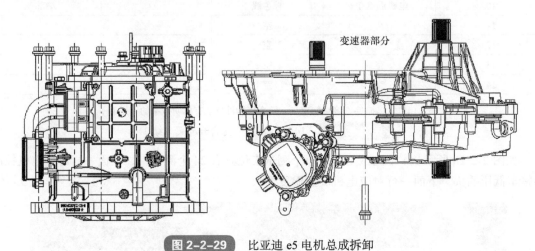

图 2-2-29　比亚迪 e5 电机总成拆卸

2.2 电机组件的检测与更换

（1）维修说明

1）电机内部。维修装配时都要清洁电机内部，不能有杂物。

2）密封处。操作要求如下：

①彻底清洗接合面。

②接合面一定要涂抹密封胶（耐油硅酮密封胶 M-1213 型）。接合面包括：接线盒盖与箱体、端盖与箱体接合处。

③铭牌接合处要用 AB 胶涂抹。

3）卡环。操作要求如下：

①勿过分扩张卡环，以免使其变形。如果变形，需要更换。

②确保卡环完全卡入环槽。

4）螺栓。电机上所有的螺栓要用螺纹胶（赛特242）涂抹紧固。如果螺栓有裂纹或者损坏，应及时更换。螺栓完成紧固后用油漆笔作标记。

5）轴承。操作要求如下：

①安装轴承前要用轴承加热器加热所用的轴承80s。

②安装过程中，采用规定的工具进行操作。

6）装配时用润滑油处的要求如下：
① 三相动力线束总成与箱体装配孔装配时涂抹润滑油。
② O 形圈与箱体装配时涂抹润滑油。
③ 密封盖与盖板装配时要涂抹润滑油。
④ 旋变接插件、温控接插件与箱体装配时涂抹润滑油。

（2）旋转变压器或温度传感器的检测与更换

通过前面的检测步骤，发现旋转变压器或温度传感器处出现问题时，需要对旋转变压器或温度传感器进行拆卸维修（图 2-2-30）。在拆分过程中，请注意保护好所有零部件，防止零部件被意外损坏。

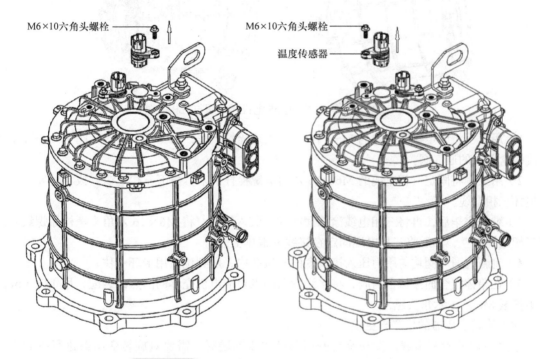

图 2-2-30　比亚迪 e5 电机旋转变压器和温度传感器

1）用扳手将 M6×10 六角头螺栓拧下来。
2）将旋转变压器或温度传感器取出来，用斜口钳将旋转变压器或温度传感器中间部分取下。
3）取新的旋转变压器或温度传感器连上旋变引线端插件，在旋转变压器或温度传感器装配面涂上一层润滑油，箱体配合孔也涂上一层润滑油。再将旋转变压器或温度传感器插入后箱体配合孔内。最后将 M6×10 六角头螺栓拧上，紧固力矩为 12N·m。

（3）通气阀或三相电缆的检测与更换

通过前面的检测步骤，发现通气阀或三相电缆处出现问题时，需要对通气阀或三相电缆进行拆卸维修（图 2-2-31）。在拆分过程中，请注意保护好所有零部件，防止零部件被意外损坏。

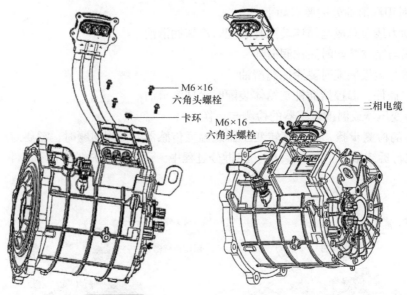

图2-2-31 比亚迪e5电机通气阀与三相电缆

1）用扳手将固定接线盒盖的M6×16六角头螺栓拧下来，用工具夹住通气阀卡环去除安装在接线盒盖上的通气阀。

2）用扳手将固定三相电缆的M6×16六角头螺栓拧下来，拔下三相电缆，拔下时要小心不能损坏三相电缆。

3）维修完毕后，再将三相电缆涂抹润滑油后装入箱体。将M6×16六角头螺栓涂螺纹胶固定三相电缆法兰，然后将三相电缆固定在接线座铜排上。

4）将新的通气阀均匀用力压入接线盒的安装孔内，压到位后用卡环卡住。

5）在箱体接合面涂抹密封胶，将接线盒盖凸点对应电机壳体的凸点以装配，用12N·m的力矩拧紧M6×16六角头螺栓。

（4）旋转变压器的检测与更换

通过前面的检测步骤，发现旋转变压器处出现问题时，需要对旋转变压器进行拆卸维修（图2-2-32）。由于旋转变压器安装在电机端盖上，需要先拆卸电机端盖。在拆卸端盖前，要检查紧固件是否齐全，并记录损伤情况，以免在装配过程中有紧固件遗落在电机内部。

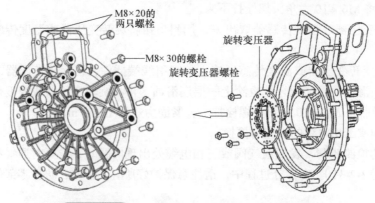

图2-2-32 比亚迪e5电机端盖及旋转变压器

具体拆卸过程如下：

1）用扳手将法兰面螺栓拆下。

2）用专用工具将轴的花键端顶起（转子和端盖是一体的），将端盖从壳体上取下。由于之前装端盖时在接合面处涂抹了密封胶，拆下端盖后需要对电机内部进行清洁，不能让异物掉入电机内部。

3）用扳手将旋转变压器螺栓拆下，将定子引出线从旋转变压器接插件中拔出后取出旋转变压器。

4）对电机内部全部维修完毕后，再对端盖进行安装。先在箱体接合面处涂抹密封胶，利用定位销对端盖与箱体进行定位，然后用扭力扳手将法兰面螺栓拧紧，力矩为25N·m。

（5）电机内部零部件的检测与更换

1）气隙的检测。气隙是电机定转子之间的空隙，定子不转，转子需要转动，所以气隙是必须存在的（图2-2-33）。电机不同，气隙大小也不同。一般来讲，异步电机气隙小，同步电机气隙大。检测气隙的目的是检查气隙值大小和不均匀度是否符合规定。Y系列三相异步电机的制造气隙值见表2-2-4、表2-2-5，供检测时参考。

表2-2-4 Y系列（IP23）电机气隙长度 （单位：mm）

中心高	160	180	200	225	250	280	315
2极	0.8	1.0	1.1	1.2	1.5	1.6	1.8
4极	0.55	0.65	0.7	0.8	0.9	1.0	1.4
6极	0.45	0.5	0.5	0.55	0.65	0.7	1.2
8极	0.45	0.5	0.5	0.55	0.65	0.7	1.0

表2-2-5 Y系列（IP44）电机气隙长度 （单位：mm）

中心高	132	160	180	200	225	250	280	315
2极	0.55	0.65	0.8	1.0	1.1	1.2	1.5	1.8
4极	0.4	0.5	0.55	0.65	0.7	0.8	0.9	1.25
6极	0.35	0.4	0.45	0.5	0.5	0.55	0.65	1.05
8极	0.35	0.4	0.45	0.5	0.5	0.55	0.65	0.9

采用宽度10～15mm、长度300～1000mm的塞尺，沿定子端盖上互隔120°进行气隙的测量。塞尺插入铁心长度不小于30mm。塞尺要插入定子、转子铁心表面上，不可偏斜，不要插在槽楔上。

气隙不均匀度是指定子、转子中心偏差ξ（塞尺测量值）与制造气隙δ的比值，即ξ/δ。不均匀度有两种表示方法：一种是"最大、最小气隙法"，气隙不均匀度$\xi/\delta=\pm(\delta_{大或小}-\delta_{cp})/\delta_{cp}$，其中平均气隙$\delta_{cp}=(\delta_{大}+\delta_{小})/2$。另一种是"120°三孔法"，气隙不均匀度$\xi/\delta=2(\delta_1^2+\delta_2^2+\delta_3^2-\delta_1\delta_2-\delta_2\delta_3-\delta_1\delta_3)^{2}/3\delta$。

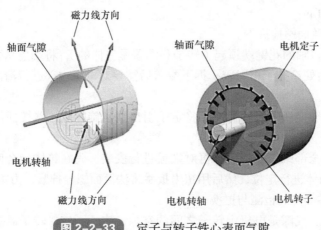

图 2-2-33 定子与转子铁心表面气隙

2）转子的检测与更换。通过检测气隙或检查，发现转子处出现问题时，需要对转子进行拆卸维修（图 2-2-34）。在拆分过程中，请注意保护好所有零部件，防止零部件被意外损坏。

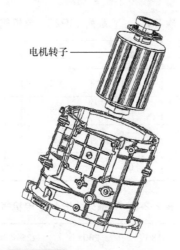

图 2-2-34 比亚迪 e5 电机转子

① 利用提取转子的专用工具取出电机转子，再维修电机转子。如更换滚动轴承，但因为拆卸转子上的组件时会磨损配合表面，降低配合精度，所以不应轻易分解转子；如出现问题，建议整体更换。

② 如果直接用手抽出转子，为了一次性抽出转子（防止磨损配合表面），可以在短轴端塞入一个"辅助轴"，将轴接长。较重的转子还需要考虑使用起重工具和起重设备。

③ 更换转子后，如不需要维修更换其他组件，则安装好端盖（具体要求详见"旋转变压器的检测与更换"相关内容）。

3）定子的检测与更换。通过检测气隙或检查，发现定子处出现问题时，需要对定子进行拆卸维修（图 2-2-35）。在拆分过程中，请注意保护好所有零部件，防止零部件被意外损坏。

① 用扳手将固定三相电缆接线座铜排和定子引线的螺栓拆除。

② 用扳手将固定定子的 M8×194 六角头螺栓拆除。

③ 将定子从电机中取出进行维修或更换。

项目 2　驱动电机的结构与检修

④ 将维修完毕或新电机定子装入电机内,用 12N·m 的力矩拧紧螺栓。

⑤ 将固定定子的六角头螺栓用 25N·m 的力矩拧紧。

⑥ 如不需要维修更换其他组件,则安装好端盖(具体要求详见"旋转变压器的检测与更换"相关内容)。

4)密封环的检测与更换。通过水压密封性检验或目测,发现密封环处出现问题时,需要对密封环进行拆卸更换(图 2-2-36)。在拆分过程中,请注意保护好所有零部件,防止零部件被意外损坏。

① 在拆卸密封环之前要确保电机水道内冷却液排放干净。

② 将电机旋转变压器接插件端朝下平放,使用压缩空气在进水管处施加气压,出水管处堵塞密封。利用气压将密封环带 O 形圈压出后箱体。

③ 将密封环带 O 形圈或水道筋进行维修或更换,安装时需要涂抹润滑油。

④ 安装完毕进行水压密封性测验。

(6)电机组件装配注意事项

电机装配前,要清扫定、转子内外表面尘垢,并用沾汽油的棉布擦拭干净。清除电机内部异物和浸漆留下的漆瘤,特别是机座和端盖止口上的漆瘤和污垢,一定要用刮刀和铲刀铲除干净,否则影响电机装配质量。

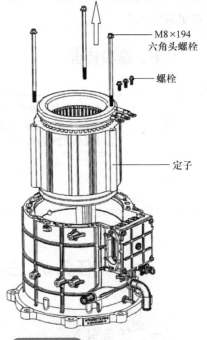

图 2-2-35　比亚迪 e5 电机定子

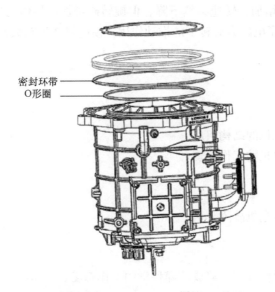

图 2-2-36　比亚迪 e5 电机密封环

检查槽楔、齿压板、绕组端部绑扎和绝缘块是否松动和脱落,槽楔和绑扎的无纬带或绑扎绳是否高出铁心表面。铁心通风沟要清洗干净,不得堵塞。绕组绝缘和引线绝缘以及出线盒绝

83

缘应良好，不得损伤。绝缘电阻值不应低于规程的规定，还要检查装配零部件是否齐全。检查后要用 30MPa 左右的压缩空气吹净电机铁心和绕组上的灰尘。最后按与拆卸时相反的顺序进行电机装配工作。

五、学习检查

任务	1. 请在电驱动系统实训台（行云新能 INW-EV-D1）、比亚迪 e5 分控联动系统（行云新能 INW-EV-E5-FL）和比亚迪 e5 教学版车辆上进行信号检测。 2. 请在电机拆装实训台（行云新能 INW-EV-M3）进行电机的拆装与检测。
笔记	

任务 3　三相异步电机的结构与故障分析

一、任务引入

新能源汽车除了使用永磁同步电机以外，还有一些车辆使用三相异步电机。在一定范围内，它能自动调节负荷力矩（转矩）和转速的关系。在电机的最大转矩范围内，转矩将随转速下降而增大，电机负载增加，转速必然下降，但旋转磁场切割导体的速度增加，在转子导体中感应较大的电流，增大了电磁力对转子的推动作用，使电机产生较大转矩。

二、任务要求

知识要求：

- 掌握三相异步电机的结构组成。
- 熟悉三相异步电机的工作原理。

技能要求：

- 会进行三相异步电机故障分析。

职业素养要求：

- 严格执行汽车检修规范，养成严谨科学的工作态度。
- 尊重他人劳动，不窃取他人成果。
- 养成总结训练过程和结果的习惯，为下次训练积累经验。
- 养成团结协作精神。
- 严格执行 5S 现场管理。

三、相关知识

1. 电机的基本知识

1.1 分类

1.1.1 按工作电源

根据电机工作电源的不同,可分为直流电机和交流电机。其中交流电机还分为单相电机和三相电机。

1.1.2 按结构及工作原理

根据电机结构及工作原理的不同,可分为直流电机、异步电机和同步电机。

同步电机还可分为永磁同步电机、磁阻同步电机和磁滞同步电机。

异步电机可分为感应电机和交流换向器电机。感应电机又分为三相异步电机、单相异步电机和罩极异步电机等。

直流电机按结构及工作原理可分为无刷直流电机和有刷直流电机。有刷直流电机可分为永磁直流电机和电磁直流电机。电磁直流电机又分为串励直流电机、并励直流电机、他励直流电机和复励直流电机。永磁直流电机又分为稀土永磁直流电机、铁氧体永磁直流电机和铝镍钴永磁直流电机。

三相异步电机是靠同时接入三相交流电源(每两相之间的相位差为120°)供电的一类电机,由于三相异步机的转子与定子旋转磁场以相同的方向、不同的转速旋转,存在转速差,所以叫异步电机。

当电机的三相定子绕组通入三相对称交流电后,将产生一个旋转磁场,该旋转磁场切割转子绕组,从而在转子绕组中产生感应电流(转子绕组是闭合通路),载流的转子导体在定子旋转磁场作用下将产生电磁力,从而在电机转轴上形成电磁转矩,驱动电机转子旋转,并且旋转方向与定子旋转磁场方向相同。

1.1.3 按起动与运行方式

根据电机起动与运行方式的不同,可分为电容起动式单相异步电机、电容运转式单相异步电机、电容起动运转式单相异步电机和分相式单相异步电机。

1.1.4 按用途

根据电机用途的不同,可分为驱动用电机和控制用电机。

驱动用电机又分为电动工具用电机、家电用电机及其他通用小型设备用电机。

控制用电机又分为步进电机和伺服电机等。

1.1.5 按转子的结构

根据电机转子的结构不同,可分为笼型异步电机(旧标准称为鼠笼型异步电机)和绕线转子异步电机(旧标准称为绕线型异步电机)。

笼型异步电机结构简单、运行可靠、重量轻、价格便宜,得到了广泛的应用,其主要缺点是调速困难。

绕线转子三相异步电机的转子和定子一样也设置了三相绕组并通过集电环、电刷与外部变阻器连接。调节变阻器电阻可以改善电机的起动性能和调节电机的转速。

1.1.6 按运转速度

根据电机运转速度不同,可分为高速电机、低速电机、恒速电机、调速电机。

低速电机又分为齿轮减速电机、电磁减速电机、力矩电机和爪极同步电机等。

调速电机除可分为有级恒速电机、无级恒速电机、有级变速电机和无级变速电机外,还可分为电磁调速电机、直流调速电机、PWM 变频调速电机和开关磁阻调速电机。

异步电机的转子转速总是略低于旋转磁场的同步转速。

同步电机的转子转速与负载大小无关而始终保持为同步转速。

1.2 主要参数

1.2.1 电机转矩

对称三相绕组通入对称三相电流,产生旋转磁场,磁场线切割转子绕组,根据电磁感应原理,转子绕组中产生 e 和 i,转子绕组在磁场中受到电磁力的作用,即产生电磁转矩,使转子旋转起来,转子输出机械能量,带动机械负载旋转起来。

在交流电机中,当定子绕组通过交流电流时,建立了电枢磁动势,它对电机能量转换和运行性能都有很大影响。所以三相交流绕组通入三相交流产生脉振磁动势,该磁动势可分解为两个幅值相等、转速相反的旋转磁动势和,从而在气隙中建立正转和反转磁场和。这两个旋转磁场切割转子导体,并分别在转子导体中产生感应电动势和感应电流。

该电流与磁场相互作用产生正、反电磁转矩。正向电磁转矩企图使转子正转;反向电磁转矩企图使转子反转。这两个转矩叠加起来就是推动电动机转动的合成转矩。

1.2.2 电机转速

在电机定子中通入三相交流电,使其产生旋转磁场,转速为 n_0。不同的磁极对数 p,在相同频率 $f=50$Hz 的交流电作用下,会产生不同的同步转速 n_0,$n_0=60f/p$。

电机转子的转速低于旋转磁场的转速,公式为 $s=(n_s-n)/n_s$,式中 s 为转差率,n_s 为磁场转速,n 为转子转速。

1.3 调速方法

三相异步电机转速公式为 $n=60f(1-s)/p$。

从上式可见,改变供电频率 f、电机的极对数 p 及转差率 s 均可达到改变转速的目的。从调速的本质来看,不同的调速方式无非是改变交流电动机的同步转速或不改变同步转速两种。

在生产机械中广泛使用不改变同步转速的调速方法有绕线转子电机的转子串电阻调速、斩波调速、串级调速以及应用电磁转差离合器、液力耦合器、油膜离合器等调速。改变同步转速的有改变定子极对数的变极调速,改变定子电源频率的变频调速等。

从调速时的能耗观点来看,有高效调速方法与低效调速方法两种:

1)高效调速指时转差率不变,因此不增加转差损耗,如变极调速、变频调速以及能将转差损耗回收的调速方法(如串级调速等)。

2)有转差损耗的调速方法属低效调速,如转子串电阻调速方法,能量就损耗在转子回路中;还有电磁离合器的调速方法,部分能量损耗在离合器线圈中;此处还有液力耦合器调速,能量损耗在液力偶合器的油中。一般来说转差损耗随调速范围扩大而增加,假如调速范围不大,能量损耗是很小的。

1.3.1 变极对数调速方法

这种调速方法是用改变定子绕组的接线方式来改变笼型电机定子极对数达到调速目的，特点如下：

1）具有较硬的机械特性，稳定性良好。
2）不增加转差损耗，效率高。
3）接线简单、控制方便、价格低。
4）有级调速，级差较大，不能获得平滑调速。
5）可以与调压调速、电磁转差离合器配合使用，获得较高效率的平滑调速特性。

本方法适用于不需要无级调速的生产机械，如金属切削机床、升降机、起重设备、风机、水泵等。

1.3.2 变频调速方法

变频调速是改变电机定子电源的频率，从而改变其同步转速的调速方法。变频调速系统主要设备是提供变频电源的变频器，变频器可分成交流-直流-交流变频器和交流-交流变频器两大类，目前国内大都使用第一类变频器。其特点如下：

1）效率高，调速过程中没有附加损耗。
2）应用范围广，可用于笼型异步电机。
3）调速范围大，特性硬，精度高。
4）技术复杂，造价高，维护检验困难。

本方法适用于要求精度高、调速性能较好的场合。

1.3.3 串级调速方法

串级调速是指绕线转子异步电机转子回路中串进可调节的附加电动势来改变电机的转差，达到调速的目的。大部分转差功率被串进的附加电动势所吸收，再利用产生附加电动势的装置，把吸收的转差功率返回电网或转换能量加以利用。根据转差功率吸收利用方式，串级调速可分为电机串级调速、机械串级调速及晶闸管串级调速，多采用晶闸管串级调速，其特点如下：

1）可将调速过程中的转差损耗回馈到电网或生产机械上，效率较高。
2）装置容量与调速范围成正比，投资省，适用于调速范围在额定转速70%~90%的生产机械上。
3）调速装置故障时可以切换至全速运行，避免停产。
4）晶闸管串级调速功率因数偏低，谐波影响较大。

本方法适合在风机、水泵及轧钢机、矿井提升机、挤压机上使用。

1.3.4 绕线转子电机转子串电阻调速方法

绕线转子异步电机转子串进附加电阻，使电机的转差率加大，电机在较低的转速下运行。串进的电阻越大，电机的转速越低。此方法设备简单、控制方便，但转差功率以发热的形式消耗在电阻上，属有级调速，机械特性较软。

1.3.5 定子调压调速方法

当改变电机的定子电压时，可以得到一组不同的机械特性曲线，从而获得不同转速。由于电机的转矩与电压二次方成正比，最大转矩下降很多，其调速范围较小，使一般笼型电机难以应用。为了扩大调速范围，调压调速应采用转子电阻值大的笼型电机，如专供调压调速用的力矩电机，或者在绕线转子电机上串联频敏电阻。为了扩大稳定运行范围，当调速在2:1以上的场合应采用反馈控制以达到自动调节转速的目的。

调压调速的主要装置是一个能提供电压变化的电源，常用的调压方式有串联饱和电抗器、自耦变压器以及晶闸管调压等几种。晶闸管调压方式为最佳。调压调速的特点如下：

1）调压调速电路简单，易实现自动控制。

2）调压过程中转差功率以发热形式消耗在转子电阻中，效率较低。

调压调速一般适用于 100kW 以下的生产机械。

1.3.6 电磁调速电机调速方法

电磁调速电机由笼型电机、电磁转差离合器和直流励磁电源（控制器）三部分组成。直流励磁电源功率较小，通常由单相半波或全波晶闸管整流器组成，改变晶闸管的导通角，可以改变励磁电流的大小。

电磁转差离合器由电枢、磁极和励磁绕组三部分组成。电枢和磁极没有机械联系，都能自由转动。电枢与电机转子同轴联接，称主动部分，由电机带动；磁极用联轴节与负载轴对接，称从动部分。当电枢与磁极均为静止时，如励磁绕组通以直流电流，则沿气隙圆周表面将形成若干对 N、S 极性交替的磁极，其磁通经过电枢。当电枢随拖动电机旋转时，电枢与磁极间相对运动，因而使电枢感应产生涡流，此涡流与磁通相互作用产生转矩，带动有磁极的转子按同一方向旋转，但其转速恒低于电枢的转速。这是一种转差调速方式，变动转差离合器的直流励磁电流，便可改变离合器的输出转矩和转速。电磁调速电机的调速特点如下：

1）装置结构及控制电路简单、运行可靠、维修方便。

2）调速平滑、无级调速。

3）对电网无谐波影响。

4）效率低。

本方法适用于中小功率、要求短时低速运行的生产机械。

1.3.7 液力耦合器调速方法

液力耦合器是一种液力传动装置，一般由泵轮和涡轮组成，它们统称工作轮，放在密封壳体中。壳中充进一定量的工作液体，当泵轮在原动机带动下旋转时，处于其中的液体受叶片推动而旋转，在离心力作用下沿着泵轮外环进入涡轮时，就在同一转向上给涡轮叶片以推力，使其带动生产机械运转。液力耦合器的动力转输能力与壳内相对充液量的大小是一致的。在工作过程中，改变充液率就可以改变耦合器的涡轮转速，实现无级调速，其特点如下：

1）功率适应范围大，可满足从几十千瓦至数千千瓦不同功率的需要。

2）结构简单、工作可靠、使用及维修方便、造价低。

3）尺寸小、能容大。

4）控制调节方便，能轻易实现自动控制。

本方法适用于风机、水泵的调速。

2. 三相异步电机的结构原理

2.1 三相异步电机的基本结构

三相异步电机主要由定子和转子两个部分组成，定子是不动的部分，转子是旋转部分，在定子和转子之间有一定的气隙，如图 2-3-1 所示。

项目 2　驱动电机的结构与检修

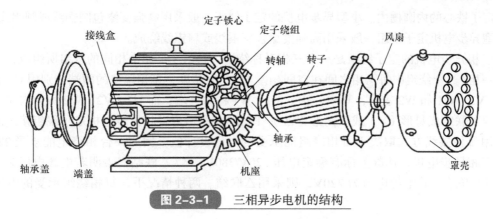

图 2-3-1　三相异步电机的结构

2.1.1　定子

三相异步电机的定子由定子铁心、定子绕组和机座三部分组成。

（1）定子铁心

定子铁心是异步电机磁路的一部分（图 2-3-2），装在机座里。为了减少旋转磁场在铁心中引起的涡流损耗和磁滞损耗，定子铁心由导磁性能较好、厚度为 0.5mm 且冲有一定槽形的硅钢片叠压而成。对于容量较大（10kW 以上）的电机，在硅钢片两面涂以绝缘漆，作为片间绝缘，以减少涡流损耗。

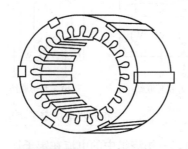

图 2-3-2　定子铁心示意图

在定子铁心内圆开有均匀分布的槽，槽内放置定子绕组。图 2-3-3 所示为定子铁心槽，其中图 a 是开口槽，用于大、中型容量的高压异步电机中；图 b 是半开口槽，用于中型 500V 以下的异步电机中；图 c 是半闭口槽，用于低压小型异步电机中。

a) 开口槽　　　b) 半开口槽　　　c) 半闭口槽

图 2-3-3　定子铁心槽

（2）定子绕组

定子绕组是异步电机定子的电路部分，它由许多线圈按一定的规律连接而成。定子绕组嵌放在定子铁心的内圆槽内。小型异步电机的定子绕组一般采用高强度漆包圆铜线或圆铝线绕成,大中型异步电机定子绕组一般采用高强度漆包扁铜线或扁铝线绕成。

三相异步电机的定子绕组是一个三相对称绕组,它由3个完全相同的绕组所组成,每个绕组即一相,3个绕组中每两相之间在空间相差120°电角度,每相绕组的两端分别用U1和U2、V1和V2、W1和W2表示,其中,U1、V1、W1称为首端,而U2、V2、W2称为末端。这三相绕组可联结成星形(Y)或三角形(△)。图2-3-4所示为三相异步电机定子绕组接线图。具体采用哪种接线方式取决于每相绕组能承受的电压设计值。例如一台相绕组能承受220V电压的三相异步电机,铭牌上标有额定电压220V/380V,Y/△联结,表明若电源电压为380V,则采用Y联结;若电源电压为220V,则采用△联结。两种情况下,每相绕组承受的电压都是220V。

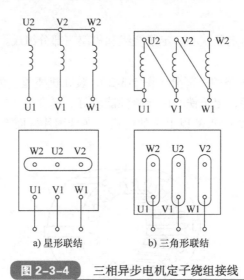

图 2-3-4　三相异步电机定子绕组接线

三相绕组接入三相交流电源,三相绕组中的电流在定子铁心中产生旋转磁场。

(3)机座

机座用铸铁、铸钢或铝合金制成,其作用是固定铁心和绕组。根据不同的冷却方式采用不同的机座形式。

2.1.2 转子

三相异步电机转子由铁心、绕组和转轴组成。

(1)转子铁心

转子铁心的作用与定子铁心相同,一方面作为电机磁路的一部分,另一方面用来安放转子绕组。它用厚0.5mm且冲有转子槽的硅钢片叠压而成,中小型电机的转子铁心一般都直接固定在转轴上,而大型异步电机的转子则套在转子支架上,然后让支架固定在转轴上。

(2)转子绕组

转子绕组的作用是产生感应电动势、流过电流并产生电磁转矩。按其结构形式分为笼型和绕线转子两种。两种电机的转子构造虽然不同,但工作原理是一致的。转子的作用是产生转子电流,进而产生电磁转矩。下面分别说明这两种绕组的特点。

在转子铁心的每一个槽内插入一铜条,在铜条两端各用一铜环把所有的导条连接起来,这称为铜排转子，如图 2-3-5a 所示。也可用铸铝的方法，用熔铝浇铸成短路绕组，即将导条、端环和风扇叶片一次铸成，称为铸铝转子，如图 2-3-5b 所示。100kW 以下的异步电机，一般采用铸铝转子。如果去掉铁心，仅由导条和端环构成的转子绕组，外形象一个松鼠笼子，所以称笼型转子绕组，笼型转子绕组的电机称为笼型异步电机。笼型转子结构简单、制造方便、成本低、运行可靠，从而得到广泛应用。

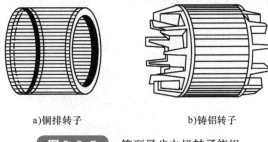

a)铜排转子　　　　　b)铸铝转子

图 2-3-5　笼型异步电机转子绕组

绕线转子异步电机与定子绕组相似，它是在转子铁心的槽内嵌有三相对称绕组，一般作星形联结，3 个端头分别接在与转轴绝缘的集电环上，通过电刷装置与外电路相接，如图 2-3-6 所示。它可以把外接电阻串联到转子绕组回路中去，以便改善异步电机的起动及调速性能。为了减少电刷引起的摩擦损耗，中等容量以上的电机还装有一种提刷短路装置。绕线转子绕组的电机称为绕线转子异步电机。

对于绕线转子异步电机通过改变转子回路串入的附加电阻，可以改善电机的起动性能或调节电机的转速。但与笼型电机相比，绕线转子电机的结构复杂，维修较麻烦，造价高。因此，对起动性能要求较高和需要调速的场合才选用绕线转子异步电机。

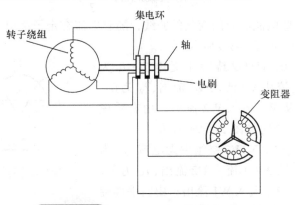

图 2-3-6　绕线转子异步电机转子电路

（3）其他部分及气隙

除了定子、转子外，还有端盖、风扇等。端盖除了起防护作用外，还装有轴承，用以支撑转子轴。风扇则用来通风冷却。

异步电机定子与转子之间存在气隙，气隙大小对异步电机的性能、运行可靠性影响较大。气隙过大，将使磁阻增大，使励磁损耗增大，由电网供给的励磁电流随之增大，电机的功率因数 $\cos\varphi$ 变低，使电机的性能变坏；但气隙过小又容易使运行中的转子与定子碰擦，发生"扫膛"，给起动和运转带来困难，严重时会因过热而烧毁电机，另外也给装配带来困难。中小型异步电机的气隙一般为 0.1～1mm。

2.2　三相异步电机的工作原理

2.2.1　定子旋转磁场

假设每相绕组只有 1 个线匝，分别嵌放在定子内圆周的 6 个凹槽之中。现将三相绕组的末端 U2、V2、W2 相连，首端 U1、V1、W1 接三相交流电源。且三相绕组分别叫做 U、V、W 相绕组，如图 2-3-7 所示。

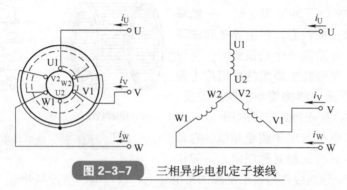

图 2-3-7　三相异步电机定子接线

假定定子绕组中电流的正方向规定为从首端流向末端，且 U 相绕组的电流作为参考正弦量，即 i_U 的初相位为零，则三相绕组 U、V、W 的电流（相序为 U—V—W）的瞬时值为

$$i_U = I_m \sin \omega t$$

$$i_V = I_m \sin(\omega t - \frac{2\pi}{3})$$

$$i_W = I_m \sin(\omega t - \frac{4\pi}{3})$$

图 2-3-8 所示是这些电流随时间变化的曲线，随着电流在定子绕组中通过，在三相定子绕组中就会产生旋转磁场，如图 2-3-9 所示。

当 $\omega t=0°$ 时，$i_U=0$，U1U2 绕组中无电流；i_V 为负，V1V2 绕组中的电流从 V2 流入 V1 流出；i_W 为正，W1W2 绕组中的电流从 W1 流入 W2 流出；由右手螺旋定则可得合成磁场的方向如图 2-3-9a 所示。

当 $\omega t=120°$ 时，$i_V=0$，V1V2 绕组中无电流；i_U 为正，U1U2 绕组中的电流从 U1 流入 U2 流出；i_W 为负，W1W2 绕组中的电流从 W2 流入 W1 流出；由右手螺旋定则可得合成磁场的方向如图 2-3-9b 所示。

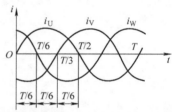

图 2-3-8　电流随时间变化的曲线

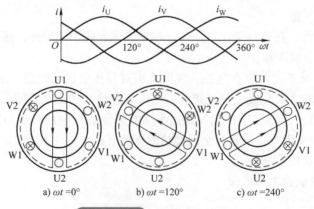

a) $\omega t=0°$　　b) $\omega t=120°$　　c) $\omega t=240°$

图 2-3-9　旋转磁场的形成

当 $\omega t=240°$ 时,$i_W=0$,W1W2 绕组中无电流;i_U 为负,U1U2 绕组中的电流从 U2 流入 U1 流出;i_V 为正,V1V2 绕组中的电流从 V1 流入 V2 流出;由右手螺旋定则可得合成磁场的方向如图 2-3-9c 所示。

可见,当定子绕组中的电流变化 1 个周期时,合成磁场也按电流的相序方向在空间旋转 1 周。随着定子绕组中的三相电流不断地作周期性变化,产生的合成磁场也不断地旋转,因此称为旋转磁场。

2.2.2 旋转磁场的旋转方向

旋转磁场的方向是由三相绕组中电流相序决定的,若想改变旋转磁场的方向,只要改变通入定子绕组的电流相序,即将 3 根电源线中的任意两根对调即可。这时,转子的旋转方向也跟着改变。

如果将定子绕组接至电源的 3 根导线中的任意两根线对调,例如,将 V、W 两根线对调,使 V 相与 W 相绕组中电流的相位对调,如图 2-3-10 所示。

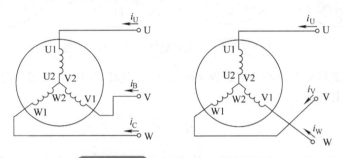

图 2-3-10　旋转磁场的旋转方向

U 相绕组内的电流超前 V 相绕组内的电流 120°,而 V 相绕组内的电流又超前 W 相绕组内的电流 120°,当三相交流电的顺序为 U→V→W,旋转磁场的旋转方向为 U→V→W,即向顺时针方向旋转,如图 2-3-11 所示,即与未对调前的旋转方向相反。

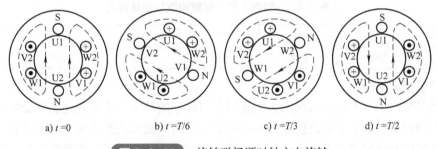

a) $t=0$　　　　b) $t=T/6$　　　　c) $t=T/3$　　　　d) $t=T/2$

图 2-3-11　旋转磁场顺时针方向旋转

2.2.3 三相异步电机的极对数与转速

(1) 极对数 p

三相异步电机的极数就是旋转磁场的极数。旋转磁场的极对数和三相绕组的安排有关。

当每相绕组只有 1 个线圈,绕组的始端之间相差 120° 空间角时,产生的旋转磁场具有 1 对极,即 $p=1$。

当每相绕组为两个线圈串联,绕组的始端之间相差 60° 空间角时,产生的旋转磁场具有 2 对极,即 $p=2$。

同理，如果要产生 3 对极，即 $p=3$ 的旋转磁场，则每相绕组必须有均匀安排在空间的串联的 3 个线圈，绕组的始端之间相差 40°（$=120°/3$）空间角。极对数 p 与绕组的始端之间的空间角 θ 的关系为 $\theta = 120°/p$。

（2）转速 n

在交流电动机中，旋转磁场相对定子的转速被称为同步转速，用 n_0 表示。从图 2-3-12 可以看出，对应于不同时刻，旋转磁场在空间转到不同位置，此情况下电流变化半个周期，旋转磁场在空间只转过了 $\pi/2$，即 1/4 转，电流变化 1 个周期，旋转磁场在空间只转了 1/2 转。

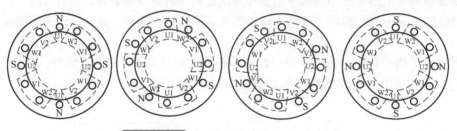

图 2-3-12 旋转磁场在空间不同位置

由此可知，当旋转磁场具有 2 对磁极（$p=2$）时，其转速仅为 1 对磁极时的 1/2。依次类推，当有 p 对磁极时，其转速为

$$n_0 = \frac{60 f_1}{p}$$

由上述公式可知，旋转磁场的转速 n_0 决定于电流频率 f_1 和磁场的极对数 p。对某一异步电机而言，f_1 和 p 通常是一定的，所以磁场转速 n_0 是个常数，旋转磁场的转速与电流的频率成正比而与磁极对数成反比。

在我国，工频 $f_1=50$Hz，因此对应于不同极对数 p 的旋转磁场转速 n_0，见表 2-3-1。

表 2-3-1 对应不同极对数的旋转磁场转速

p	1	2	3	4	5	6
n_0 /(r/min)	3000	1500	1000	750	600	500

（3）转差率 s

电机转子转动方向与磁场旋转的方向相同，但转子的转速 n 不可能达到与旋转磁场的转速 n_0 相等，否则转子与旋转磁场之间就没有相对运动，因而磁力线就不切割转子导体，转子电动势、转子电流以及转矩也就都不会产生。也就是说旋转磁场与转子之间必须存在转速差，因此我们把这种电动机称为异步电动机。又因为这种电动机的转动原理是建立在电磁感应基础上的，故又称为感应电动机。

旋转磁场的转速 n_0 常称为同步转速。转差率 s 是用来表示转子转速 n 与磁场转速 n_0 相差的程度的物理量，即

$$s = \frac{n_0 - n}{n_0}$$

转差率是异步电机的一个重要的物理量。当旋转磁场以同步转速 n_0 开始旋转时，转子则因

机械惯性尚未转动，转子的瞬间转速 $n=0$，这时转差率 $s=1$。转子转动起来之后，$n>0$，(n_0-n) 差值减小，电机的转差率 $s<1$。如果转轴上的阻转矩加大，则转子转速 n 降低，即异步程度加大，才能产生足够大的感应电动势和电流，进而产生足够大的电磁转矩，这时的转差率 s 增大。反之，s 减小。异步电机运行时，转速与同步转速一般很接近，转差率很小。在额定工作状态下约为 0.015～0.06 之间。

（4）三相异步电机的定子电路与转子电路

三相异步电机中的电磁关系同变压器类似，定子绕组相当于变压器的一次绕组，转子绕组（一般是短接的）相当于二次绕组。给定子绕组接上三相电源电压，则定子中就有三相电流通过，此三相电流产生旋转磁场，其磁力线通过定子和转子铁心而闭合，这个磁场在转子和定子的每相绕组中都要感应出电动势。

2.3 三相异步电机的铭牌数据

2.3.1 额定值

三相异步电机在铭牌上标明的额定值主要有以下几项。

1）额定功率：是指电机在额定运行时，转轴上输出的机械功率，单位是 kW。
2）额定电压：是指额定运行时，电网加在定子绕组上的线电压，单位是 V 或 kV。
3）额定电流：是指电机在额定电压下，输出额定功率时，定子绕组中的线电流，单位是 A。
4）额定转速：是指额定运行时电机的转速，单位是 r/min。
5）额定频率：是指电机所接电源的频率，单位是 Hz。
6）额定功率因数：是指额定运行时，定子电路的功率因数。一般中小型异步电机为 0.8 左右。
7）接法：用 Y 或 △ 表示。表示在额定运行时，定子三相绕组应采用的联结方式。

此外，铭牌上还标有绝缘等级、温升以及电机的额定效率、工作方式等，绕线转子异步电机还标有转子绕组的开路线电压和额定线电流。

额定值之间有如下关系：

$$P_N = \sqrt{3} U_N I_N \cos\varphi_N \eta_N$$

对于 380V 的低压异步电机，其 $\eta_N \cos\varphi \approx 0.8$，代入式 P_N 中，并规定 P_N 的单位为 kW，I_N 的单位为 A，可得到

$$I_N \approx 2P_N$$

由此可以估算出额定电流，即所谓的"一个千瓦两个电流"。

2.3.2 三相异步电机定额

常用的电机定额分连续、短时和断续 3 种。连续是指电机连续不断地输出额定功率而温升不超过铭牌允许值；短时表示电机不能连续使用，只能在规定的较短时间内输出额定功率；断续表示电机只能短时输出额定功率，但可以断续地重复起动和运行。

2.3.3 温升

电机运行中，部分电能转换成热能，使电机温度升高。经过一定时间，电能转换的热能与机身散发的热能平衡，机身温度达到稳定。在稳定状态下，电机温度与环境温度之差，叫电机温升。

2.3.4 绝缘等级

绝缘等级指电机绕组所用绝缘材料按它的允许耐热程度规定的等级，电机常用的级别为 B 级，130℃；F 级，155℃。

2.3.5 功率因数

功率因数指电机从电网所吸收的有功功率与视在功率的比值。视在功率一定时,功率因数越高,有功功率越大,电机对电能的利用率也越高。

2.3.6 型号

铭牌上除了上述的额定数据外,还必须标明电机的型号。型号是包括电机名称、规格、形式等信息的一种产品代号,表明电机的种类和特点。异步电机的型号由汉语拼音大写字母、国际通用符号和阿拉伯数字组成,Y 系列异步电机举例如下:

(1) 中小型异步电机

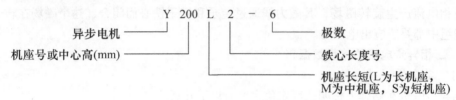

(2) 大型异步电机

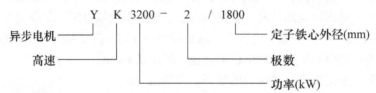

2.4 三相异步电机的控制

2.4.1 直接起动控制电路

直接起动即起动时把电机直接接入电网,加上额定电压。一般来说,电机的容量不大于直接供电变压器容量的 20%～30%时,都可以直接起动。

(1) 点动控制

如图 2-3-13 所示,合上开关 S,三相电源被引入控制电路,但电机还不能起动。按下按钮 SB,接触器 KM 线圈通电,衔铁吸合,常开主触点接通,电机定子接入三相电源起动运转。松开按钮 SB,接触器 KM 线圈断电,衔铁松开,常开主触点断开,电机因断电而停转。

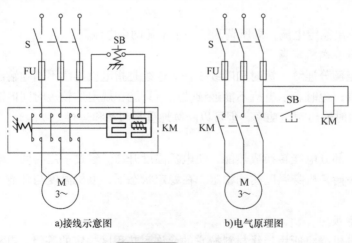

图 2-3-13 点动控制

项目 2 驱动电机的结构与检修

（2）直接起动控制

1）起动过程。按下起动按钮 SB_1，接触器 KM 线圈通电，与 SB_1 并联的 KM 的辅助常开触点闭合，以保证松开按钮 SB_1 后 KM 线圈持续通电，串联在电机回路中的 KM 的主触点持续闭合，电机连续运转，从而实现连续运转控制。

2）停止过程。按下停止按钮 SB_2，接触器 KM 线圈断电，与 SB_1 并联的 KM 的辅助常开触点断开，以保证松开按钮 SB_2 后 KM 线圈持续失电，串联在电动机回路中的 KM 的主触点持续断开，电动机停转。

与 SB_1 并联的 KM 的辅助常开触点的这种作用称为自锁。图 2-3-14 所示控制电路还可实现短路保护、过载保护和零电压保护。

起短路保护的是串接在主电路中的熔断器 FU。一旦电路发生短路故障，熔体立即熔断，电机立即停转。

起过载保护的是热继电器 FR。当过载时，热继电器的发热元件发热，将其常闭触点断开，使接触器 KM 线圈断电，串联在电机回路中的 KM 的主触点断开，电机停转。同时 KM 辅助触点也断开，解除自锁。故障排除后若要重新起动，需按下 FR 的复位按钮，使 FR 的常闭触点复位（闭合）即可。

起零电压（或欠压）保护的是接触器 KM 本身。当电源暂时断电或电压严重下降时，接触器 KM 线圈产生的电磁吸力不足，衔铁会自行释放，使主、辅触点自行复位，切断电源，电机停转，同时解除自锁。

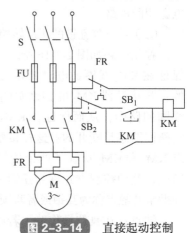

图 2-3-14 直接起动控制

2.4.2 正反转控制

（1）简单的正反转控制

控制电路如图 2-3-15 所示。

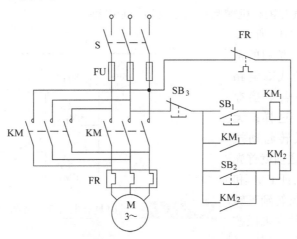

图 2-3-15 简单的正反转控制

1）正向起动过程。按下起动按钮 SB_1，接触器 KM_1 线圈通电，与 SB_1 并联的 KM_1 的辅助常开触点闭合，以保证 KM_1 线圈持续通电，串联在电机回路中的 KM_1 的主触点持续闭合，电机连续正向运转。

2）停止过程。按下停止按钮 SB_3，接触器 KM_1 线圈断电，与 SB_1 并联的 KM_1 的辅助触点断开，以保证 KM_1 线圈持续失电，串联在电机回路中的 KM_1 的主触点持续断开，切断电机定子电源，电机停转。

3）反向起动过程。按下起动按钮 SB_2，接触器 KM_2 线圈通电，与 SB_2 并联的 KM_2 的辅助常开触点闭合，以保证线圈持续通电，串联在电机回路中的 KM_2 的主触点持续闭合，电机连续反向运转。

缺点：KM_1 和 KM_2 线圈不能同时通电，因此不能同时按下 SB_1 和 SB_2，也不能在电动机正转时按下反转起动按钮，或在电动机反转时按下正转起动按钮。如果操作错误，将引起主回路电源相间短路。

（2）带电气互锁的正反转控制电路

控制电路如图 2-3-16 所示。将接触器 KM_1 的辅助常闭触点串入 KM_2 的线圈回路中，从而保证在 KM_1 线圈通电时 KM_2 线圈回路总是断开的；将接触器 KM_2 的辅助常闭触点串入 KM_1 的线圈回路中，从而保证在 KM_2 线圈通电时 KM_1 线圈回路总是断开的。这样接触器的辅助常闭触点 KM_1 和 KM_2 保证了两个接触器线圈不能同时通电，这种控制方式称为互锁或者联锁，这两个辅助常开触点称为互锁或者联锁触点。

缺点：在具体操作时，若电机处于正转状态要反转时必须先按停止按钮 SB_3，使互锁触点 KM_1 闭合后按下反转起动按钮 SB_2 才能使电机反转；若电机处于反转状态要正转时必须先按停止按钮 SB_3，使互锁触点 KM_2 闭合后按下正转起动按钮 SB_1 才能使电机正转。

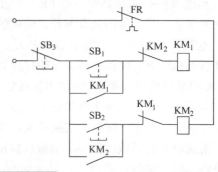

图 2-3-16　带电气互锁的正反转控制电路

（3）同时具有电气互锁和机械互锁的正反转控制电路

控制电路如图 2-3-17 所示。采用复式按钮，将 SB_1 按钮的常闭触点串接在 KM_2 的线圈电路中；将 SB_2 的常闭触点串接在 KM_1 的线圈电路中。这样，无论何时，只要按下反转起动按钮，在 KM_2 线圈通电之前就首先使 KM_1 断电，从而保证 KM_1 和 KM_2 不同时通电；从反转到正转的情况也是一样。这种由机械按钮实现的互锁也叫机械或按钮互锁。

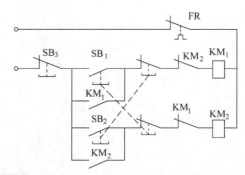

图 2-3-17　同时具有电气互锁和机械互锁的正反转控制电路

2.4.3　Y—△减压起动控制

控制电路如图 2-3-18 所示。按下起动按钮 SB_1，时间继电器 KT 和接触器 KM_2 同时通电吸合，KM_2 的常开主触点闭合，把定子绕组连接成 Y 形，其常开辅助触点闭合，接通接触器 KM_1。KM_1 的常开主触点闭合，将定子接入电源，电机在 Y 形连接下起动。KM_1 的一个常开辅助触点闭合，进行自锁。经一定延时，KT 的常闭触点断开，KM_2 断电复位，接触器 KM_3 通电吸合。KM_3 的常开主触点将定子绕组接成△形，使电动机在额定电压下正常运行。与按钮 SB_1 串联的 KM_3 的常闭辅助触点的作用是当电机正常运行时，该常闭触点断开，切断了 KT、KM_2 的通路，即使误按 SB_1，KT 和 KM_2 也不会通电，以免影响电路正常运行。若要停车，则按下停止按钮 SB_3，接触器 KM_1、KM_2 同时断电释放，电机脱离电源停止转动。

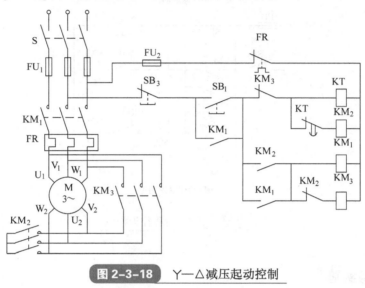

图 2-3-18　Y—△减压起动控制

2.4.4　行程控制

（1）限位控制

控制电路如图 2-3-19 所示。当机械的运动部件到达预定的位置时压下行程开关的触杆，将常闭触点断开，接触器线圈断电，使电机断电而停止运行。

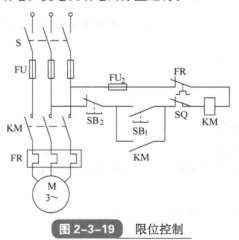

图 2-3-19　限位控制

（2）行程往返控制

控制电路如图 2-3-20 所示。按下正向起动按钮 SB_1，电机正向起动运行，带动工作台向前运动。当运行到 SQ_2 位置时，挡块压下 SQ_2，接触器 KM_1 断电释放，KM_2 通电吸合，电机反向起动运行，使工作台后退。工作台退到 SQ_1 位置时，挡块压下 SQ_1，KM_2 断电释放，KM_1 通电吸合，电机又正向起动运行，工作台又向前进，如此一直循环下去，直到需要停止时按下 SB_3，

KM_1 和 KM_2 线圈同时断电释放，电机脱离电源停止转动。

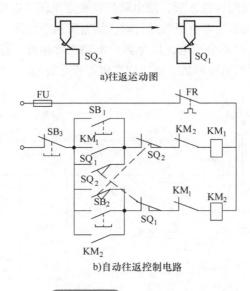

图 2-3-20　行程往返控制

四、任务实施

1. 任务准备

安全防护：做好车辆安全防护与隔离（车内外三件套、车轮挡块、警示隔离带等）。
工具设备：数字万用表、绝缘电阻表、绝缘防护用品、绝缘工具套装、常规工具套装。
台架车辆：电驱动系统实训台（行云新能 INW-EV-D2）、电机拆装实训台（行云新能 INW-EV-M5）。
辅助资料：维修手册、教材。

2. 实施步骤

2.1　三相异步电机的拆装

2.1.1　电机拆卸前的准备

1）准备好拆卸工具，特别是拆卸对轮的拉拔器、套筒等专用工具。

2）布置检修现场。

3）了解待拆电机结构及故障情况。

4）拆卸时作好相关标记：

① 标出电源线在接线盒中的相序。

② 标出机座在基础上的位置，整理并记录好机座垫片。

③ 拆卸端盖、轴承、轴承盖时，记录好哪些属负荷端，哪些属非负荷端。

5）拆除电源线和保护接地线，测定并记录绕组对地绝缘电阻。

6）把电动机拆离基础，运至检修现场。

2.1.2 电机大修时检查项目

1) 检查电机各部件有无机械损伤,若有则应作相应修复。
2) 解体电机,将所有油泥、污垢清理干净。
3) 检查定子绕组表面是否变色,漆皮是否裂纹,绑线垫块是否松动。
4) 检查定子、转子铁心有无磨损和变形,通风道有无异物,槽楔有无松动或损坏。
5) 检查转子端环、风扇有无变形、松动裂纹。
6) 使用外径千分尺和内径千分尺分别测量轴承室、轴颈,对比文件包内标准是否合格。

2.1.3 中小型异步电机的拆卸步骤

中小型异步电机的拆卸如图 2-3-21 所示。具体步骤如下。

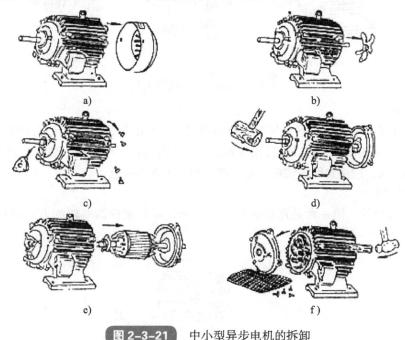

图 2-3-21 中小型异步电机的拆卸

(1) 对轮的拆卸

对轮常采用专用工具拉拔器来拆卸。拆卸前,标出对轮正、反面,记下在轴上的位置,作为安装时的依据。拆掉对轮上止动螺钉和销子后,用拉马钩住对轮边缘,搬动丝杠,把它慢慢拉下,如图 2-3-22 所示。操作时,拉钩要钩得对称,钩子受力一致,使主螺杆与转轴中心重合。旋动螺杆时,注意保持两臂平衡,均匀用力。若拆卸困难,可用木锤敲击对轮外圆和丝杆顶端。如果仍然拉不出来,可将对轮外表快速加热(温度控制在 200℃以下),在对轮受热膨胀而轴承尚未热透时,将对轮拉出来。加热时可用喷灯或火焊,但温度不能过高,时间不能过长,以免造成对轮过火,或轴伸弯曲。注意:切忌硬拉或用铁锤敲打。

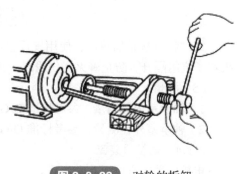

图 2-3-22 对轮的拆卸

（2）端盖的拆卸

拆卸端盖前应先检查紧固件是否齐全，端盖是否有损伤，并在端盖与机座接合处做好对正记号，接着拧下前、后轴承盖螺钉，取下轴承外盖。再卸下前、后端盖紧固螺钉。如系大、中型电机，可用端盖上的顶丝均匀加力，将端盖从机座止口中顶出。没有顶丝孔（退拔孔）的端盖，可用撬棍或螺钉旋具在周围接缝中均匀加力，将端盖撬出止口，如图2-3-23所示。

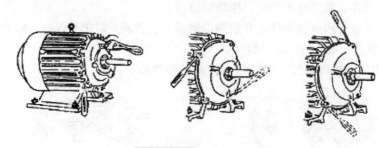

图2-3-23　端盖的拆卸

（3）抽出转子

在抽出转子前，应在转子下面气隙和绕组端部垫上厚纸板，以免抽出转子时碰伤铁心和绕组。对于30kg以内的转子，可以直接用手抽出。较大的电机，可使用一端安装假轴，另一端使用吊车起吊的方法，应注意保护轴伸、定子绕组和转子铁心风道。

（4）轴承拆卸

常用方法有两种，第一种是用拉拔器直接拆卸，可以按拆卸对轮的方法进行拆卸，如图2-3-24所示。

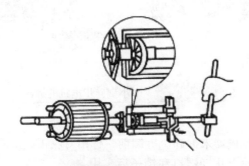

图2-3-24　轴承拆卸

第二种方法是加热法，使用气焊直接加热轴承内套。操作过程中应使用石棉板将轴承与电机定子绕组隔开，防止着火烧伤线圈；还要注意必须先将轴承内润滑脂清理干净，防止着火。

（5）测量

1）轴承室内径测量，参考标准Q/GHSZ·GZ（SB·DQ）-003-2008检修文件包。

2）轴承室外径测量，参考标准Q/GHSZ·GZ（SB·DQ）-003-2008检修文件包。

2.1.4　电机的装配

电机的装配有以下几个步骤。

（1）轴承安装前工作

1）装配应先检查轴承滚动件是否转动灵活，转动时有无异响、表面有无锈迹。

2）应将轴承内防锈油清洗干净，并防止有异物遗留在轴承内。

（2）轴承的安装

1）轴伸在50mm以下的轴承可以使用直接安装方法，如使用铜棒敲击轴承内套将轴承砸入，或使用专用的安装工具，如图2-3-25所示。

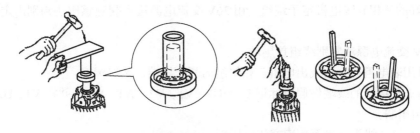

图2-3-25　轴承的装配

2）轴伸在50mm以上的轴承可以使用加热法，包括专业的轴承加热器或电烤箱等，但温度必须控制在100℃以下，防止轴承过火。

3）轴承安装完毕必须检查是否安装到位，且不能立即转动轴承，防止将滚珠磨坏。

（3）后端盖的装配

1）按拆卸前所作的记号，转轴短的一端是后端。后端盖的突耳外沿有固定风叶外罩的螺钉孔。装配时将转子竖直放置，将后端盖轴承座孔对准轴承外圈套，然后一边使端盖沿轴转动，一边用木榔头敲打端盖的中央部分。如果用铁锤，被敲打面必须垫上木板，直到端盖到位为止，然后套上后轴承外盖，旋紧轴承盖紧固螺钉。

2）按拆卸所作的标记，将转子放入定子内腔中，合上后端盖。按对角交替的顺序拧紧后端盖紧固螺钉。注意边拧螺钉，边用木榔头在端盖靠近中央部分均匀敲打，直至到位。

（4）前端盖的装配

将前轴内盖与前轴承按规定加好润滑油，参照后端盖的装配方法将前端盖装配到位。装配时先用螺钉旋具清除机座和端盖止口上的杂物，然后装入端盖，按对角顺序上紧螺栓，具体步骤如图2-3-26所示。

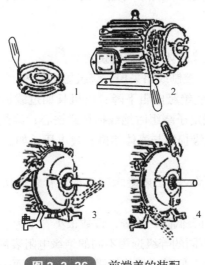

图2-3-26　前端盖的装配

2.1.5 三相异步电机定子绕组首尾端的判别

三相定子绕组重绕以后或将三相定子绕组的连接片拆开以后，定子绕组的 6 个出线端可能不易分清，此时必须正确判定三相绕组的 6 个出线端的首末端，才能将电机正确接线并投入运行。

对装配好的三相异步电机定子绕组，用 36V 交流电源法和剩磁感应法判别出定子绕组的首尾端。

（1）36V 交流电源法判别绕组首尾端

1）用万用表电阻档分别找出电机三相绕组的两个线端，做好标记。

2）先给三相绕组的线端做假设标记 U1、U2、V1、V2、W1、W2，并把 V1、U2 连接起来，构成两相绕组串联。

3）将 U1、V2 线头上接万用表交流电压档。

4）在 W1、W2 上接 36V 交流电源，如果电压表有读数，说明线端 U1、U2 和 V1、V2 的标记正确。如果无读数，则把 U1、U2 或 V1、V2 中任意两个线端的标记对调一下即可。

5）再按上述方法对 W1、W2 两个线端进行判别。

（2）用剩磁感应法判别绕组首尾端

1）用万用表电阻档分别找出电机三相绕组的两个线端，做好标记。

2）先给三相绕组的线端做假设标记 U1、U2、V1、V2、W1、W2。

3）两相串联后，用手转动电机转子。由于电机定子及转子铁心中通常都有少量的剩磁，当磁场变化时，在三相定子绕组中将有微弱的感应电动势产生。此时若并接在绕组两端的万用表（交流 mV 档）指针不动，则说明假设的标记是正确的；若指针有偏转，说明其中有一相绕组的首尾端假设标记不对。应逐一相两端对调重测，直至正确为止。

2.2 三相异步电机故障分析

2.2.1 三相异步电机绕组故障分析和处理技术

绕组是电机的组成部分，老化、受潮、受热、受侵蚀、异物侵入、外力的冲击都会对绕组造成伤害；电机过载、欠电压、过电压或缺相运行也能引起绕组故障。

绕组故障一般分为绕组接地、短路、开路、接线错误。现在分别说明故障现象、产生的原因及检查方法。

（1）绕组接地

指绕组与铁心或与机壳绝缘破坏而造成的接地。

1）故障现象：机壳带电、控制线路失控、绕组短路发热，致使电机无法正常运行。

2）产生原因：绕组受潮使绝缘电阻下降；电机长期过载运行；有害气体腐蚀；金属异物侵入绕组内部损坏绝缘；重绕定子绕组时绝缘损坏碰铁心；绕组端部碰端盖机座；定子、转子摩擦引起绝缘灼伤；引出线绝缘损坏与壳体相碰；过电压（如雷击）使绝缘击穿。

3）检查方法：

① 观察法。目测绕组端部及线槽内绝缘物，观察有无损伤和焦黑的痕迹，如有就是接地点。

② 万用表检查法。用万用表低阻档检查，读数很小，则为接地。

③ 绝缘电阻表法。根据不同的等级选用不同的绝缘电阻表测量每相绕组的绝缘电阻，若读数为零，则表示该相绕组接地，但对电机绝缘受潮或因事故而击穿，需依据经验判定，一般说

来指针在"0"处摇摆不定时，可认为其具有一定的电阻值。

④ 电流穿烧法。用一台调压变压器，接上电源后，接地点很快发热，绝缘物冒烟处即为接地点。应特别注意测试小型电机的电流不得超过其额定电流的2倍，时间不超过半分钟；大电机为额定电流的20%~50%或逐步增大电流，到接地点刚冒烟时立即断电。

⑤ 分组淘汰法。对于接地点在铁心里面且烧灼比较厉害的，烧损的铜线与铁心熔在一起，采用的方法是把接地的一相绕组分成两半，依此类推，最后找出接地点。

此外，还有高压试验法、磁针探索法、工频振动法等，此处不一一介绍。

4）处理方法：

① 绕组受潮引起接地的应先进行烘干，当冷却到60~70℃时，浇上绝缘漆后再烘干。

② 绕组端部绝缘损坏时，在接地处重新进行绝缘处理，涂漆，再烘干。

③ 绕组接地点在槽内时，应重绕绕组或更换部分绕组元件。

④ 最后应用绝缘电阻表进行测量，满足技术要求即可。

（2）绕组短路

绕组短路通常由于电动机电流过大、电源电压变动过大、单相运行、机械碰伤、制造不良等造成绝缘损坏所至，分绕组匝间短路、绕组极间短路和绕组相间短路。

1）故障现象：磁场分布不均，三相电流不平衡而使电机运行时振动和噪声加剧，严重时电机不能起动，而在短路线圈中产生很大的短路电流，导致线圈迅速发热而烧毁。

2）产生原因：电机长期过载，使绝缘老化失去绝缘作用；嵌线时造成绝缘损坏；绕组受潮使绝缘电阻下降造成绝缘击穿；端部和层间绝缘材料没垫好或整形时损坏；端部连接线绝缘损坏；过电压或遭雷击使绝缘击穿；转子与定子绕组端部相互摩擦造成绝缘损坏；金属异物落入电机内部以及油污过多。

3）检查方法：

① 外部观察法。观察接线盒、绕组端部有无烧焦，绕组过热后变成深褐色，并有臭味。

② 探温检查法。空载运行20min(发现异常时应马上停止)，用手背摸绕组各部分是否超过正常温度。

③ 通电试验法。用电流表测量，若某相电流过大，说明该相有短路处。

④ 电桥检查。测量各绕组直流电阻，一般相差不应超过3%，如超过，则电阻小的一相有短路故障。

⑤ 短路侦察器法。被测绕组有短路，则钢片就会产生振动。

⑥ 万用表或绝缘电阻表法。测任意两相绕组相间的绝缘电阻，若读数极小或为零，说明该两相绕组相间有短路。

⑦ 电压降法。把三绕组串联后通入低压安全交流电，测得读数小的一组有短路故障。

⑧ 电流法。电机空载运行，先测量三相电流，再调换两相接线测量并对比，若电流不随电源调换而改变，则较大电流的一相绕组有短路。

4）短路处理方法：全部拆除，更换新绕组。

（3）绕组开路

由于焊接不良或使用腐蚀性焊剂，焊接后又未清除干净，就可能造成虚焊或松脱；受机械应力或碰撞时线圈短路、发生接地故障也可使导线烧毁，在并烧的几根导线中有一根或几根导线短路时，另几根导线由于电流的增加而温度上升，引起绕组发热而断路。一般分为一相绕组端部断线、匝间短路、并联支路处断路、多根导线并烧中一根断路、转子断笼。

1）故障现象：电机不能起动，三相电流不平衡，有异常噪声或振动大，温升超过允许值或冒烟。

2）产生原因：

① 在检修和维护保养时碰断或制造质量问题。

② 绕组各元件、极（相）组和绕组与引接线等接线头焊接不良，长期运行过热脱焊。

③ 受机械力和电磁场力使绕组损伤或拉断。

④ 匝间或相间短路及接地造成绕组严重烧焦或熔断等。

3）检查方法：

① 观察法。断点大多数发生在绕组端部，看有无碰折、接头处有无脱焊。

② 万用表法。利用电阻档，对Y形接法的将一根表笔接在Y形的中心点上，另一根依次接在三相绕组的首端，无穷大的一相为断点；△形接法的断开连接后，分别测每组绕组，无穷大的则为断路点。

③ 绝缘电阻表法。阻值趋向无穷大的一相为断路点。

④ 电流表法。电机在运行时，用电流表测三相电流，若三相电流不平衡又无短路现象，则电流较小的一相绕组有部分断路故障。

⑤ 电流平衡法。对于Y形接法的，可将三相绕组并联后，通入低电压大电流的交流电，如果三相绕组中的电流相差大于10%时，电流小的一端为断路；对于△形接法的，先将定子绕组的一个接点拆开，再逐相通入低压大电流，其中电流小的一相为断路。

4）断路处理方法：

① 断路在端部时，连接好后焊牢，包上绝缘材料，套上绝缘管，绑扎好，再烘干。

② 绕组由于匝间、相间短路和接地等原因而造成绕组严重烧焦的，一般应更换新绕组。

（4）绕组接错

绕组接错造成不完整的旋转磁场，致使起动困难、三相电流不平衡、噪声大等，严重时若不及时处理会烧坏绕组。主要有下列几种情况：某极相中一只或几只线圈嵌反或头尾接错；极（相）组接反；某相绕组接反；多路并联绕组支路接错；△、Y接法错误。

1）故障现象：电机不能起动，空载电流过大或不平衡度过大，温升太快或有剧烈振动并有很大的噪声，烧断熔丝等。

2）产生原因：误将△形接成Y形；维修保养时三相绕组有一相首尾接反；减压起动时抽头位置选择不合适或内部接线错误；新电机在嵌线时，绕组连接错误；旧电机出头判断不对。

3）检修方法：

指南针法：如果绕组没有接错，则在一相绕组中，指南针经过相邻的极（相）组时，所指的极性应相反，在三相绕组中相邻的不同相的极（相）组也相反；如极性方向不变时，说明有一极（相）组反接；若指向不定，则相组内有反接的线圈。

4）处理方法：

① 一个线圈或线圈组接反，则空载电流有较大的不平衡，应送厂返修。

② 引出线错误的应正确判断首尾后重新连接。

③ 减压起动接错的应对照接线图或原理图，认真校对重新接线。

④ 新电机嵌线或重接新绕组后接线错误的，应送厂返修。

⑤ 定子绕组一相接反时，接反的一相电流特别大，可根据这个特点查找故障并进行维修。
⑥ 把Y形接成△形或匝数不够，则空载电流大，应及时更正。

2.2.2 电机轴承异响分析与解决

（1）保持器发出"唏哩唏哩……"声

1）原因分析：由保持器与滚动体振动、冲撞产生，不管润滑脂种类如何都可能产生，承受力矩、负荷或径向游隙大的时候更容易产生。

2）解决方法：

① 提高保持器精度。
② 选用游隙小的轴承或对轴承施加预负荷。
③ 降低力矩负荷，减少安装误差。
④ 选用好的油脂。

（2）连续蜂鸣声"嗡嗡……"

1）原因分析：电机无负荷运转时发出类似蜂鸣一样的声音，且电机发生轴向异常振动，开机或关机时有"嗡嗡"声。

2）具体特点：多发润滑状态不好，冬天且两端用球轴承的电机多发，主要是轴调心性能不好时，轴向振动影响下产生的一种不稳定的振动。

3）解决方法：

① 用润滑性能好的油脂。
② 加预负荷，减少安装误差。
③ 选用径向游隙小的轴承。
④ 提高电机轴承座刚性。
⑤ 加强轴承的调心性。

（3）漆锈引起噪声

1）原因分析：由于电机轴承机壳油漆未干，挥发出来的化学成分腐蚀轴承的端面、外沟及沟道，使沟道被腐蚀后发生的异响。

2）解决方法：

① 把转子、机壳晾干或烘干后装配。
② 降低电机温度。
③ 改善电机轴承放置的环境温度。
④ 用合适的油脂，脂油引起锈蚀少，硅油、矿油最易引起锈蚀。
⑤ 采用真空浸漆工艺。

（4）杂质音

1）原因分析：由轴承或油脂的清洁度引起，发出一种不规则的异响。

2）具体特点：声音时有时无、时大时小，没有规律，在高速电机上多发。

3）解决方法：

① 选用好的油脂。
② 提高注脂前的清洁度。
③ 加强轴承的密封性能。
④ 提高安装环境的清洁度。

五、学习检查

任务	1. 请在电驱动系统实训台（行云新能 INW-EV-D2）上进行信号检测。 2. 请在电机拆装实训台（行云新能 INW-EV-M5）进行电机的拆装与检测。
笔记	1. 拆卸前记录 (1) 拆卸前通电运行是否正常：____。 (2) 拆卸记号：1) 带轮的正面记号____，反面记号____。2) 联轴器或带轮的轴伸端尺寸____mm。3) 前轴承记号____，后轴承记号____。 2. 装配后的检验 (1) 转子转动是否轻便灵活____。 (2) 测量电机定子绕组相间和相地间绝缘电阻： $R_{uv} =$____，$R_{uw}=$____，$R_{wu}=$____，$R_u =$____，$R_v =$____，$R_w=$____。 (3) 通电运行：转速是否均匀____，转速 =____r/min，检查机壳是否过热____，轴承有无异常声音____。 3. 三相异步电机定子绕组首尾端的判别：接线方法、判别方法、通电试车。

项目 3

电机控制器的结构与检修

项目描述

本项目共2个学习任务:
任务1 电机控制器的基本知识与外部特征。
任务2 电机控制器的内部结构与检测。

通过2个任务的学习,了解电机控制器的类型及主要应用;掌握电机控制器的外部特征及内部结构;能够识别电机控制器电路连接器接口定义;会进行电机控制器的信号测量与判断。

任务1 电机控制器的基本知识与外部特征

一、任务引入

新能源汽车电机控制器作为控制驱动电机的设备,通过接收整车控制器和控制机构传送的控制信息,对驱动电机转速、转矩和旋转方向进行控制,并可同时对动力电池的输出进行相应控制。随着微芯片在整车及总成控制中的应用逐步广泛,单一控制器将逐步被集成化的"车辆中央控制器"所取代,多合一电机控制器集成了传统汽车分立的空调压缩机、转向助力电动机、气泵电动机控制器,以及混合动力车型中采用的BSG/ISG电机等功能。

二、任务要求

知识要求:

- 了解电机控制器的类型及主要应用。
- 掌握电机控制器的外部特征。

技能要求:

- 会进行电机控制器的更换。

职业素养要求:

- 严格执行汽车检修规范,养成严谨科学的工作态度。
- 尊重他人劳动,不窃取他人成果。
- 养成总结训练过程和结果的习惯,为下次训练积累经验。
- 养成团结协作精神。
- 严格执行 5S 现场管理。

三、相关知识

1. 电机控制器概况

1.1 电机控制器的发展

变频技术诞生背景是交流电机无级调速的广泛需求。传统的直流调速技术因体积大故障率高而应用受限。

20 世纪 60 年代以后,电力电子器件普遍应用了晶闸管及其升级产品。但其调速性能远远无法满足需要。1968 年以丹佛斯为代表的高技术企业开始批量化生产变频器,开启了变频器工业化的新时代。

20 世纪 70 年代开始,对脉宽调制变压变频(PWM – VVVF)调速的研究得到突破,20 世纪 80 年代以后微处理器技术的完善使得各种优化算法得以实现。

20 世纪 80 年代中后期,美、日、德、英等发达国家的 VVVF 变频器技术实用化,商品投入市场,得到了广泛应用。最早的变频器可能是日本人买了英国专利研制的。不过美国和德国凭借电子元件生产和电子技术的优势,研发出高端产品迅速抢占市场。

步入 21 世纪后,国产变频器逐步崛起,现已逐渐抢占高端市场。上海和深圳成为国产变频器发展的前沿阵地,涌现出了像汇川变频器、英威腾变频器、安邦信变频器、欧瑞变频器等一批知名国产变频器。其中安邦信成立于 1998 年,是我国最早生产变频器的厂家之一。

1.2 电机控制器的定义

电机控制器是控制动力电源与驱动电机之间能量传输的装置,由控制信号接口电路、驱动电机控制电路和驱动电路组成。电机控制器是通过集成电路的主动工作来控制电机按照设定的方向、速度、角度、响应时间进行工作的模块。它使得电机应用范围更加广泛、输出效率更好,以及噪声更小等。

随着整车车体结构轻量化的推进,电池、电机、电控系统在新能源汽车整车中的成本占比也逐渐上升。根据 Argonne 国家实验室统计数据,新能源汽车动力总成(电机、电控、变速器)的成本分别占整车成本的 15.67%(轿车)和 13.69%(小型货车),其中电机控制器的成本占据新能源车整车成本的比例约为 9.5%,大约是驱动电机的两倍,总成占比仅次于电池和 BMS 系统,如图 3-1-1 所示。在新能源汽车补贴逐步退坡的政策驱动下,减少动力总成成本、质量的压力将逐步向上传导至电机、电控产品厂商,具备技术、规模优势的供应商将在成本下降的过程中占据优势。因此，电机电控市场仍然在很大程度上影响新能源汽车市场的走向。

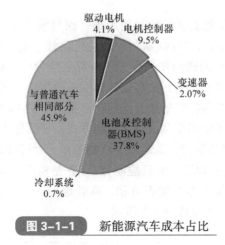

图 3-1-1　新能源汽车成本占比

1.3　电机控制器的关键技术

电机控制器作为新能源汽车中连接电池和电机的电能转换单元，是电机驱动系统的核心。其关键技术包含功率半导体模块、电机控制算法等。功率器件作为电机控制器的核心部件，其成本占了整个控制器绝大部分。高频化、全控型是半导体器件的趋势。电机控制器供应商需要有优秀的控制算法研发能力以及系统模块集成能力。

目前功率半导体模块主要使用IGBT模块，IGBT模块是由IGBT（绝缘栅双极型晶体管芯片）与FWD（续流二极管芯片）通过特定的电路桥接封装而成的模块化半导体产品。欧美和日本企业凭借产品质量高、技术领先，在IGBT市场中占据绝对优势地位，也是我国IGBT市场的主要供应商，如图3-1-2所示。

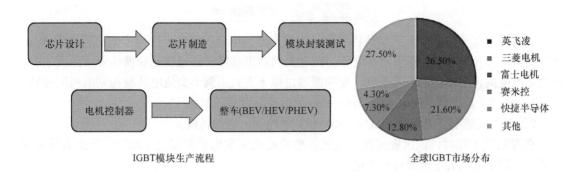

图 3-1-2　IGBT生产流程及市场分布

但是，随着市场的刺激以及国家政策的扶持，国内出现了一批IGBT领域的公司。中车时代电气收购拥有50年功率器件研发历史的Dynex，北汽新能源与中车旗下的时代电气在株洲签署战略合作协议。深圳比亚迪与上海先进半导体制造股份有限公司签订建立战略产业联盟合作协议，共同打造IGBT国产化产业链。IGBT国产化是未来一大趋势。

2. 电机控制器的外部特征

2.1 变频器的功能

"电机控制器"一词曾是此类装置的通用术语,而目前"变频器"是汽车领域最常用的术语。因此,本章节以下内容均用"变频器"一词进行讲述。变频器(Variable-frequency Drive,VFD)是利用电力半导体器件的通断作用将工频电源变换为另一频率的电能控制装置,能实现对交流异步电机的软起动、变频调速、提高运转精度、改变功率因数、过电流/过电压/过载保护等功能,在电动车上起调节和控制车速的作用,多采用 PWM (脉冲宽度调制,按一定规律改变脉冲列的脉冲宽度,以调节输出量和波形)调制方式。变频器主要由整流(交流变直流)、滤波、逆变(直流变交流)、制动单元、驱动单元、检测单元、微处理单元等组成。

电动汽车中多采用矢量变频器(电机控制器)。它是整个电驱动系统的核心部分,因此它控制性能的好坏直接关系到驱动电机能否可靠、高效地运行,会影响到整个车辆的动力性能和乘客的舒适感。其型号命名规则如图 3-1-3 所示。

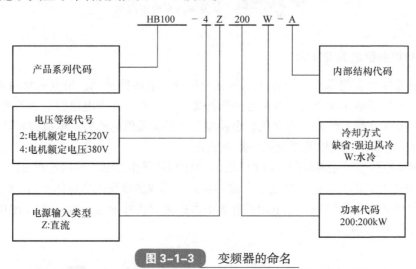

图 3-1-3 变频器的命名

在电动机工作过程中,变频器将混合动力汽车或纯电动汽车的电池组中的直流电(DC)转变成交流电(AC)。变频器采用高电压、高电流的功率晶体管进行往返切换作业(逆变),从而产生交流电流,带动车辆交流电机。变频器通过以下方式来调节交流电从而控制电机的运转:

1)增加或减少交流频率(AC frequency)以控制电机转速。

2)增大或减小交流峰值(AC amplitude)来控制电机的转矩。

在发电机工作时,该过程逆转:变频器整流电机所发出的交流电(AC),产生适当电压的直流电,用于对动力电池组进行充电。

对于使用多台电机的混合动力汽车或纯电动汽车的驱动系统而言,需要一个独立的变频器电路来驱动各电机的运转。变频器电路通常被组装成一个单独的部件。因此一台"变频器"或"变频器组件"可能包含几个独立的变频器。有些变频器组件还可能附带额外的高压电路,即使这些高压电路与变频器本身无关。

有些混合动力和纯电动汽车的控制系统会提供电池组电压(电池组上直接测量获得)和变频器的电源电压数据,以便进行比较。这些电压参数也可以通过解码器读取得到。通过对这两个电压参数进行比较,控制系统可确定由电池组产生的电压是否与变频器接收到的电压相匹配。

项目 3　电机控制器的结构与检修

这些数据可以帮助技术人员诊断问题是出在车辆的动力电池组继电器上,还是出在将动力电池组连接到变频器的直流电源电缆上,亦或是出在变频器本身。技术人员也许还能确定车辆是否由于驱动系统的原因而导致在通电过程中出现断电。

2.2　变频器的外部特征

2.2.1　比亚迪 e5 高压电控(四合一)的外部特征

该车型的高压电控总成,又称"四合一",集成两电平双向交流逆变式电机控制器模块 VTOG、车载充电器模块、DC/DC 变换器模块和高压配电模块以及漏电传感器,如图 3-1-4 所示。

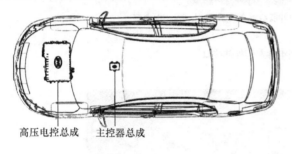

a) 在车辆上安装位置

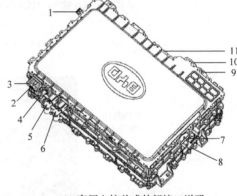

b) 高压电控总成外部接口说明

编号	部件	编号	部件
1	DC 直流输出接插件	2	33PIN 低压信号接插件
3	高压输出空调压缩机接插件	4	高压输出 PTC 接插件
5	动力电池正极母线	6	动力电池负极母线
7	64PIN 低压信号接插件	8	入水管
9	交流输入 L2、L3 相	10	交流输入 L1、N 相
11	驱动电机三相输出接插件		

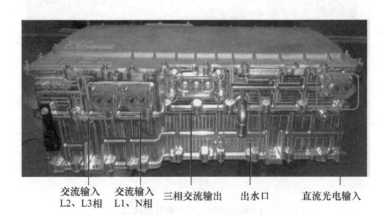

c) 高压控制组件正前方外部接口

图 3-1-4　高压电控总成外部特征

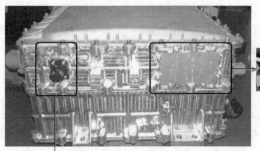

32A空调熔丝：给电动压缩机和PTC水加热器供电

DC-DC低压输出：与低压电池并联给整车低压系统提供13.8V电源

d) 高压控制组件左侧外部接口

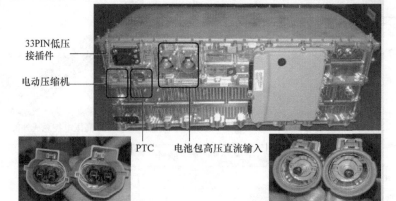

33PIN低压接插件

电动压缩机

PTC　电池包高压直流输入

e) 高压控制组件后方外部接口

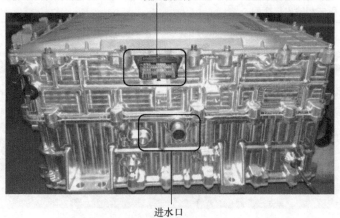

64PIN低压接插件

进水口

f) 高压控制组件右侧外部接口

图 3-1-4　高压电控总成外部特征（续）

(1) 电机控制器 (VTOG)

控制器类型为电压型逆变器，主要功能如下：

1) 驱动控制 (放电)：采集加速、制动、档位、旋变信号等控制电机正向、反向驱动，正、反转发电功能；具有高压输出电压和电流控制限制功能，具有电压跌落、过流、过温、IPM 过温、IGBT 过温保护、功率限制、转矩控制限制等功能。它还同时具备电控系统防盗、能量回馈控制、主动泄放、被动泄放控制功能。

注：IPM (Intelligent Power Module) 是指智能功率模块，把功率开关器件 (IGBT) 和驱动电路集成在一起，而且内有过电压、过电流和过温等故障检测电路，并可将检测信号送到 CPU。

2) 充电控制：交、直流转换，双向充、放电控制功能；自动识别单相、三相相序并根据充电电流控制充电方式，根据充电设备识别充电功率，控制充电方式；根据车辆或其他设备请求信号控制车辆对外放电；断电重启功能：在电网断电又供电时，可继续充电。

3) 另外还有 VTOG、VTOL 和 VTOV (车辆对电网放电、车辆对用电设备供电及车辆对车辆充电) 功能。

(2) 电机控制器防盗

e5 车型的起动防盗，锁的是电机控制器 (VTOG)，即在整车上 OK 电之前，电机控制器也需要对码。如果电机控制器未进行匹配，整车是无法上 OK 电的。

在更换电机控制器 (目前采用更换四合一总成方式) 时，使用原厂诊断仪 VDS1000 先对原车的 VTOG 进行密码清除，然后再对换上的备件进行防盗编程。

原厂诊断仪 VDS1000 附加功能中有"电机控制器编程"和"电机控制器密码清除"，如图 3-1-5 所示。

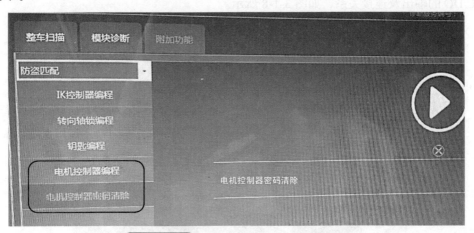

图 3-1-5　电机控制器编程和密码清除

(3) DC/DC 变换器

DC/DC 替代了传统燃油车挂接在发动机上的 12V 发电机，和蓄电池并联给各用电器提供低压电源。DC/DC 在直流高压输入端接触器吸合后便开始工作，输出电压标称 13.8V，如图 3-1-6 所示。

e5 车型的 DC/DC 在上 OK 电时、充电时 (包括交流充电、直流充电) 以及智能充电时都会工作，以辅助低压铁电池为整车提供低压电源。

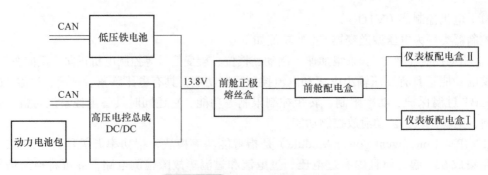

图 3-1-6　DC/DC 系统框图

DC/DC 的外部高压输入也是高压电控总成直流母线输入，如图 3-1-7 所示。

图 3-1-7　动力电池组高压直流输入接口

DC/DC 的输出及连接关系，如图 3-1-8 所示。

图 3-1-8　DC/DC 低压输出接口

项目 3 电机控制器的结构与检修

DC/DC 的输出正极通过正极熔丝盒直接与低压铁电池正极相连,而 DC/DC 的输出负极则是通过高压电控总成壳体搭铁。

2.2.2 丰田普锐斯带转换器的逆变器总成外部特征

使用电动机行驶的丰田普锐斯混合动力系统中安装有由变频器、增压转换器、DC/DC 变换器组成的带转换器的逆变器总成,安装在发动机舱内。其外部特征如图 3-1-9 所示,基本功能和前面介绍的一样。

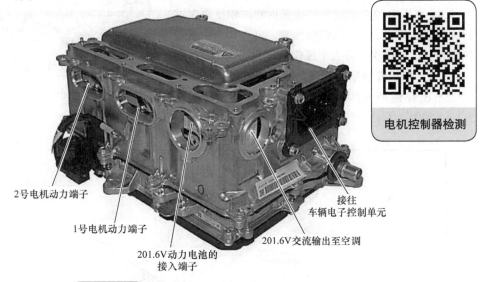

图 3-1-9 带转换器的逆变器总成外部特征

四、任务实施

1. 任务准备

1)安全防护:做好车辆安全防护与隔离(车内外三件套、车轮挡块、警示隔离带等)。
2)工具设备:数字万用表、绝缘防护用品、绝缘工具套装、常规工具套装。
3)台架车辆:比亚迪 e5 分控联动系统(行云新能 INW-EV-E5-FL);比亚迪 e5 教学版和普锐斯整车。
4)辅助资料:维修手册、教材。

2. 实施步骤

2.1 比亚迪 e5 变频器总成的更换

若确认高压电控总成存在故障,导致车辆不能运行,请按以下步骤更换:

1)将车辆退电至 OFF 档,等待 5min。
2)打开前舱盖,拆卸低压铁电池负极。
3)用 14# 套筒拆除高压电控总成与前舱大支架之间的六个 M10 螺栓,如图 3-1-10

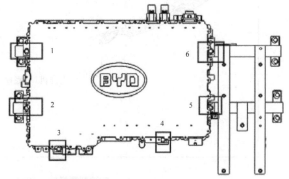

图 3-1-10 拆除高压电控总成与前舱大支架之间的六个 M10 螺栓

所示。

4)戴上绝缘手套,依次拔除高压电控总成上的所有高低压接插件。

5)拆除高压电控总成冷却进、出水口以及排气管管路,并拆除左右两根搭铁线。

6)用抱装夹具将高压电控总成从前舱中抬出。

7)高压电控总成的安装按照拆卸的相反顺序进行(先依次将 A、B 处的螺栓预紧,再将其余四处螺栓预紧,最后依次拧紧六个螺栓),如图 3-1-11 所示。

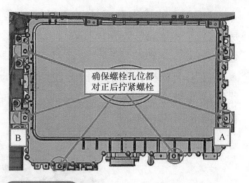

图 3-1-11　安装高压电控总成与前舱大支架之间的六个 M10 螺栓

2.2 丰田普锐斯变频器总成的更换

丰田普锐斯变频器总成的更换方法可参考图 3-1-12 和图 3-1-13。

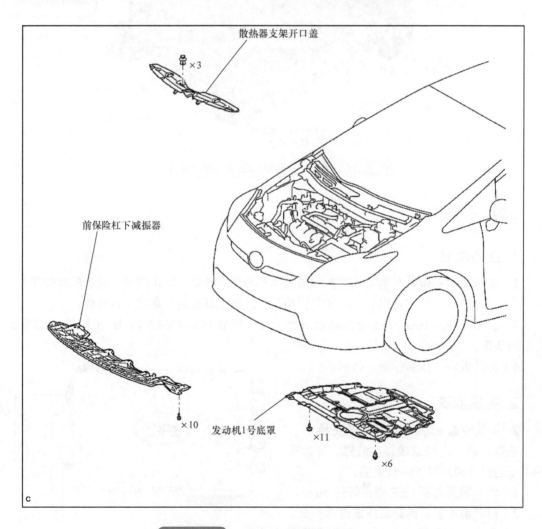

图 3-1-12　丰田普锐斯变频器总成(1)

项目3 电机控制器的结构与检修

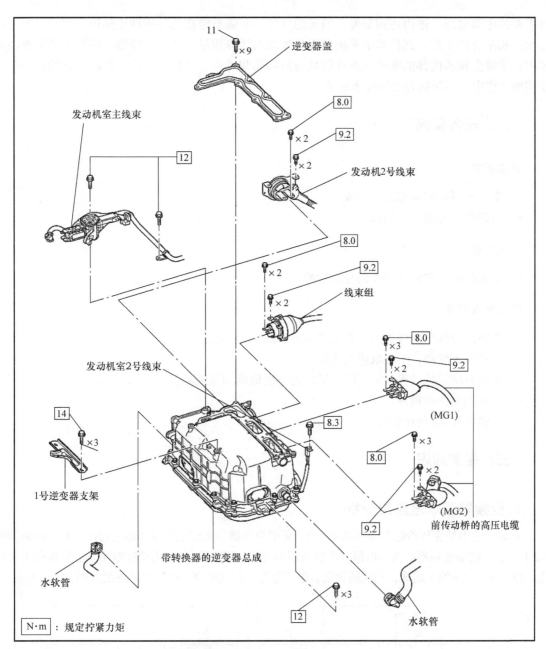

图 3-1-13　丰田普锐斯变频器总成（2）

任务2　电机控制器的内部结构与检测

一、任务引入

变频器靠内部 IGBT 的开断来调整输出电源的电压和频率，根据电机的实际需要来提供其

119

所需要的电源电压，进而达到节能、调速的目的。变频器维修是一项理论知识、实践经验与操作水平相结合的工作，其技术水平决定着变频器的维修质量。从事变频器维修的人员需要经常学习，了解变频器内部的电子元器件所具备的功能和特点，开拓知识面，将新学到的知识应用于实际工作中，不断提高维修技术水平。

二、任务要求

知识要求：

- 掌握变频器的内部结构组成。
- 熟悉变频器的工作原理。

技能要求：

- 会进行电机控制器相关信号的检测。

职业素养要求：

- 严格执行汽车检修规范，养成严谨科学的工作态度。
- 尊重他人劳动，不窃取他人成果。
- 养成总结训练过程和结果的习惯，为下次训练积累经验。
- 养成团结协作精神。
- 严格执行 5S 现场管理。

三、相关知识

1. 变频器基本电路图分析

目前，通用型变频器绝大多数是交 - 直 - 交型变频器，尤以电压变频器为通用，其主回路如图 3-2-1 所示。它是变频器的核心电路，由整流回路（交 - 直变换）、直流滤波电路（能耗电路）及逆变电路（直 - 交变换）组成，当然还包括有限流电路、制动电路、控制电路等组成部分。

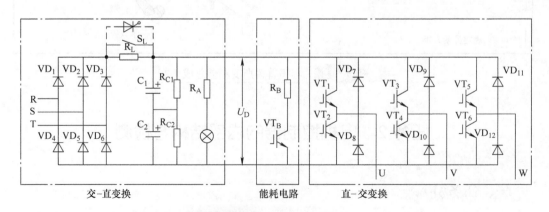

图 3-2-1　变频器基本电路

以电压形式或电压和电流大小进行电能转换的电路被称为整流器。根据其功能可以分为直流整流器、逆变器和变流器，如图 3-2-2 所示。

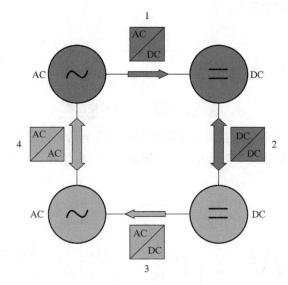

1—整流器　2—直流电流调节器　3—逆变器　4—交流电流调节器

图 3-2-2　整流器和电流调节器

通过整流器可以将交流电压转换为直流电压。相反，也可以将直流电压转换为交流电压。为此需要使用逆变器。通过直流电流调节器可以将直流电压转换成较高或较低的直流电压。直流电流调节器也被称为 DC/DC 变换器。使用交流电流调节器可以将交流电压转换为另一种较高（振幅）的交流电压。如需改变交流电压的频率，则必须使用变频器。在新能源汽车中，变频器需要在直流电压和交流电压之间进行双向转换。此外，借助变频器可以对电机的工作点进行灵活调节。

1.1　整流电路

使用整流器可以将交流电压转换为直流电压，其电路符号如图 3-2-3 所示。整流器由多个互联起来的二极管构成，二极管控制交流电压的各个半波进入一个共同的方向，这样就会产生间歇式的直流电压。

变频器的整流电路是由三相桥式整流桥组成。为了获得纯直流电压，必须使用吸收电容和压敏电阻线圈对经过整流器的电压进行平滑处理（其作用是吸收交流电网的高频谐波信号和浪涌过电压，从而避免由此而损坏变频器），然后为逆变电路和控制电路提供所需的直流电源。可以通过无须控制的半导体二极管或利用可控晶闸管实现整流。可控整流器需要固定的控制电压，通过该电压在特定的时间打开和关闭电子开关以起到整流作用。可控整流器通过电子开关如晶闸管和金属氧化物半导体场效应晶体管实现其功能。不可控整流器在进行交流电整流时没有附加的控制电子装置。

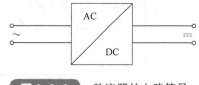

图 3-2-3　整流器的电路符号

当电源电压为三相 380V 时，整流器件的最大反向电压一般为 1200～1600V，最大整流电流为变频器额定电流的两倍。

单通道整流器只能对交流电压的半波进行整流，如图 3-2-4 所示，而另外半波则无法通过。这种电路的缺点是波纹大、效率低。为了能够使用这种经过整流的电压，必须进行平滑处理。波纹具有与输入电压相同的频率。

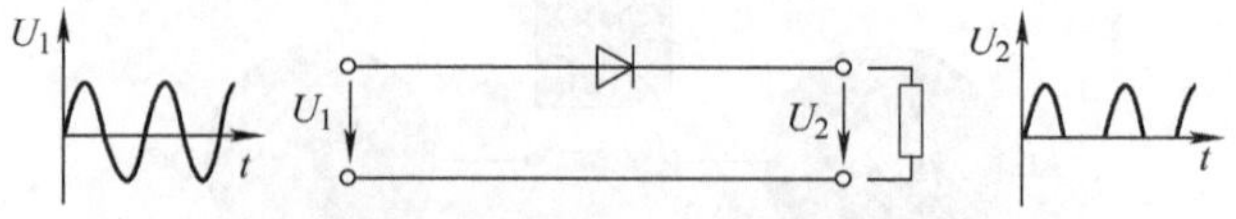

图 3-2-4　单通道整流器

可以通过双通道整流器（包括桥式整流器和格列茨电路）来避免单通道整流器的缺点。电路由四个二极管构成，如图 3-2-5 所示。左侧施加的交流电压将被转换为一个（右侧所显示的）脉动直流电压。

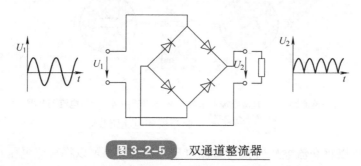

图 3-2-5　双通道整流器

因为经过双通道整流，所以交流电压的负半波振幅在直流电路中的用电器 R 上则呈现为正振幅。波纹的频率是输入电压频率的两倍，因此可降低用于电压平滑处理的费用。该电路的效率也得到了显著改善。

通过六线圈桥式电路也可以对三相电流进行整流，如图 3-2-6 所示。通过所采用的六个二极管可以充分使用三相导线上的所有半波。经过整流的直流电流仅具有较小的波纹。这种电路可以在车辆发电机电压的整流中使用。

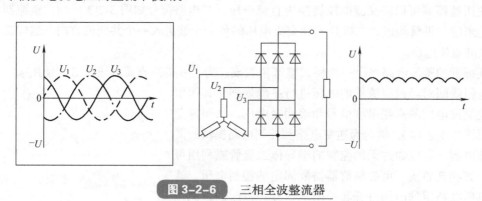

图 3-2-6　三相全波整流器

1.2　滤波电路

逆变器的负载属感性负载的异步电机，无论异步电机处于电动或发电状态，在直流滤波电路和异步电机之间，总会有无功功率的交换，这种无功能量要靠直流中间电路的储能元件来缓冲。同时，三相整流桥输出的电压和电流属直流脉冲电压和电流。为了减小直流电压和电流的波动，直流滤波电路起到对整流电路的输出进行滤波的作用。

变频器直流滤波电路的大容量铝电解电容，通常是由若干个电容器串联和并联构成电容器组，以得到所需的耐压值和容量。另外，因为电解电容器容量有较大的离散性，这将使它们的电压不相等。因此，电容器要各并联一个阻值相等的匀压电阻，消除离散性的影响，因而电容的寿命会严重制约变频器的寿命。

1.3 逆变电路

可以将直流电压转换为交流电压的整流器被称为逆变器，其电路符号如图3-2-7所示。逆变器采用的设计不仅可以用于单相交流电流也可以用于三相交流电流（三相电流）。其效率最高可以达到大约98%。为了驱动用电器需要使用交流电压，但是仅有一个直流电源可供使用，此时就需要使用逆变器。例如，在新能源汽车中电能存储在动力电池组内，为了进行电机驱动就需要使用三相电流。

逆变电路的作用是在控制电路的作用下，将直流电路输出的直流电源转换成频率和电压都可以任意调节的交流电源。逆变电路的输出就是变频器的输出，所以逆变电路是变频器的核心电路之一，起着非常重要的作用。

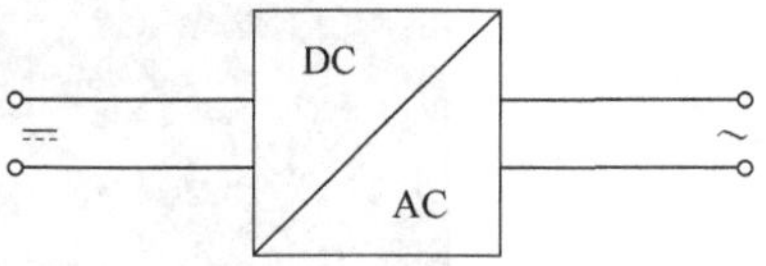

图 3-2-7 逆变器的电路符号

最常见的逆变电路结构形式是利用六个功率开关器件（GTR、IGBT、GTO等）组成的三相桥式逆变电路，有规律地控制逆变器中功率开关器件的导通与关断，可以得到任意频率的三相交流输出。

通常，中小容量的变频器主回路器件一般采用集成模块或智能模块。智能模块的内部高度集成了整流模块、逆变模块、各种传感器、保护电路及驱动电路。如三菱公司生产的IPMPM50RSA120、富士公司生产的7MBP50RA060、西门子公司生产的BSM50GD120等，内部集成了整流模块、功率因数校正电路、IGBT逆变模块及各种检测保护功能。模块的典型开关频率为20kHz，保护功能为欠电压、过电压和过热故障时输出故障信号灯。

逆变电路中都设置有续流电路。续流电路的功能是当频率下降时，异步电机的同步转速也随之下降，为异步电机的再生电能反馈至直流电路提供通道。在逆变过程中，寄生电感释放能量提供通道。另外，当位于同一桥臂上的两个开关同时处于开通状态时，将会出现短路现象，并烧毁换流器件。所以在实际的通用变频器中还设有缓冲电路等各种相应的辅助电路，以保证电路的正常工作和在发生意外情况时，对换流器件进行保护。

1.4 DC/DC 变换电路

可以通过二极管电路将恒定的输入电压转换为其他数值电压的整流器被称为直流电流调节器，也称DC/DC变换器，其电路符号如图3-2-8所示。在电动动力总成技术中普遍采用了直流电流调节器。基本类型包括降压变压器、增压变压器和换流器，采用已广泛使用的功率MOSFET和晶闸管作为开关。

因为无须对直流电压进行变压，所以DC/DC变换器可以像电子开关模式电源件一样首先将直流电压转换为交流电压。随后通过变压器将其转换为所需的较高电压，再在整流器内将该电压转换成直流电压并使用网状过滤器进行平滑处理。受工作原理所限，电流在直流电流调节器处只能单向流动。为了使动力电池组的

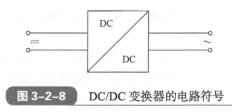

图 3-2-8 DC/DC变换器的电路符号

电压降低至 12V，必须在新能源汽车中使用 DC/DC 变换器。为了能够使用辅助起动导线或充电器对高压蓄电池充电，DC/DC 变换器须能够双向使用，即可以进行双方向的直流电压转换。

2. 电机控制器的内部结构与控制原理

2.1 比亚迪 e5 高压电控总成内部结构

比亚迪 e5 高压电控总成采用内部集成设计，如图 3-2-9 所示。主要包含了双向交流逆变式电机控制器（VTOG）、高压配电箱、漏电传感器、车载充电器（在高压电控总成下层）和 DC/DC 变换器。

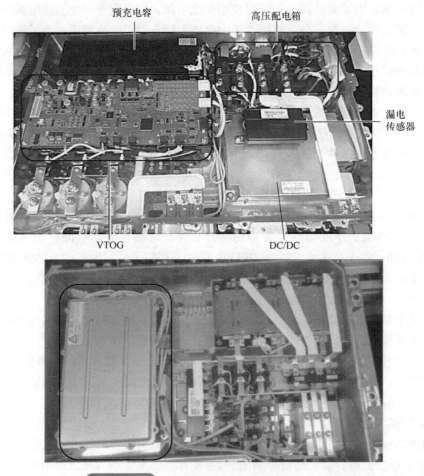

图 3-2-9　比亚迪 e5 高压电控总成内部结构

2.1.1 主要功能

1）控制高压交/直流电双向逆变，驱动电机运转，实现充、放电功能（VTOG、车载充电器）。

2）实现高压直流电转化为低压直流电，为整车低压电器系统供电（DC/DC）。

3）实现整车高压回路配电功能以及高压漏电检测功能（高压配电箱和漏电传感器模块）。

4）直流充电升压功能。

5）包括 CAN 通信、故障处理记录、在线 CAN 烧写以及自检等功能。

2.1.2 双向交流逆变式电机控制器（VTOG）

VTOG 的整体结构主要包含一块控制板、一块驱动板、一块采样板以及 1 个用于平波薄膜电容、DC 模块的电感和电容、3 个交流滤波电感、3 个交流滤波电容、泄放电阻、预充电阻、电流霍尔传感器、接触器等元器件，如图 3-2-10 所示。

图 3-2-10 VTOG 内部结构

其工作电气特性见表 3-2-1。

表 3-2-1 VTOG 工作电气特性

驱动电机控制器	最大功率	180kW
	额定功率	90kW
	电机类型	永磁同步电机
	额定输出电流	135A
	额定工作点效率	97%
	高压输入电压	400 ~ 760V DC（从 720V DC 开始限功率）
交流充电	充电功率	40kW（三相输入）/7kW（单相输入）
	额定点充电效率	96%
	交流输入电压	单相：84 ~ 300V AC 三相：145 ~ 520V AC
	直流侧输出电压	390 ~ 760V
被动泄放		断电后高压电 2min 之内降到 <60V DC
主动泄放		断电后高压电 5s 之内降到 <60V DC
工作电压		10 ~ 16V DC（额定 12V DC）
工作电流		< 3.5A
静态功耗		< 2mA

2.1.3 高压配电箱

高压配电箱的作用是完成动力电池电源的输出及分配，其上游是动力电池组，下游包括双向交流逆变式电机控制器（VTOG）、DC/DC、PTC 水加热器、电动压缩机、漏电传感器；也将 VTOG 和车载充电器的高压直流电分配给动力电池组；实现对支路充电器的保护及切断。

其内部主要由铜排连接片、接触器、霍尔电流传感器、预充电阻，动力电池组正、负极输入组成，其中接触器由电池管理器控制充放电，如图 3-2-11 所示。

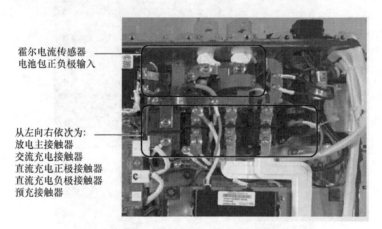

图 3-2-11 比亚迪 e5 高压配电箱内部结构

两个霍尔电流传感器：左边的监测 VTOG 直流侧电流大小，右边的监测动力电池组进出总电流。

五个接触器，图中从左至右依次为：放电主接触器、交流充电接触器、直流充电正极接触器、直流充电负极接触器、预充接触器。

2.1.4 漏电传感器 LS

e5 车型高压电控总成内部装配有漏电传感器。它本身也是一个动力网 CAN 模块，通过监测与动力电池输出相连接的正母线与车身底盘之间的绝缘电阻来判定高压系统是否存在漏电，漏电传感器将绝缘阻值信息通过 CAN 信号发送给电池管理器、VTOG，采取相应保护措施，如图 3-2-12 所示。

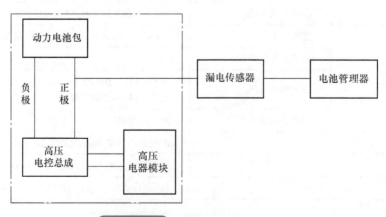

图 3-2-12 漏电传感器系统框图

漏电传感器如果检测到绝缘阻值小于设定值时,它通过 CAN 线和硬线同时将漏电信号发给 BMS,BMS 进行漏电相关报警和保护控制。漏电的硬线信号是一种拉低信号,即当 LS 检测到漏电时,BMS 的漏电信号端子是低电平,由 LS 拉低。通过大致计算也能得出严重漏电的结论,即用绝缘阻值/动力电池组电压(Ω/V)与 500Ω/V、100Ω/V 进行比较即可。

另外,漏电传感器的工作电源是双路电,因为无论是上电还是充电过程,都是需要监测高压系统的绝缘情况的。这里涉及一个"双路电"的概念。燃油车没有充电工况,所以燃油车的模块除了常电,还有上电时的 IG 电;而对于新能源车型的部分模块(如 BMS、VTOG、DC/DC 等),无论上电还是充电都要工作,所以除常电以外的另外这路电源,必须在上电和充电时都供电,这路电源就叫"双路电",即"上电 + 充电"两路。

e5 车型的双路电源是这样设计的:

1)上 OK 电和交流充放电时,由双路电继电器吸合供电。

2)直流充电时,则由直流充电继电器吸合供电。

2.1.5 车载充电器

车载充电器(On-Board Charger Assy)简称 OBC,它的作用是将交流充电口传递过来的(220V/50Hz)交流电转换为直流高压电,为动力电池充电。3.3kW 功率以内的单相交流充电均是通过 OBC 进行的,而功率大于 3.3kW 的交流充电(含单相和三相交流)是通过 VTOG 进行的。

实际上 e5 出租车装配的四合一中不带 OBC,也可以通过 VTOG 进行 3.3kW 以内功率的单相交流充电,那 e5 私家车版为何还要加入 OBC 呢?主要原因是与出租车相比,私家车充电场所不那么固定,经常会存在家用电网小功率充电,而小功率充电时,OBC 的效率比 VTOG 要高一些。

2.2 丰田普锐斯带转换器的逆变器总成内部结构和控制原理

2.2.1 带转换器的逆变器总成内部结构

丰田普锐斯带转换器的逆变器总成也采用内部集成设计,如图 3-2-13 所示。它主要包含了变频器、增压转换器、空调变频器和 DC/DC 变换器。

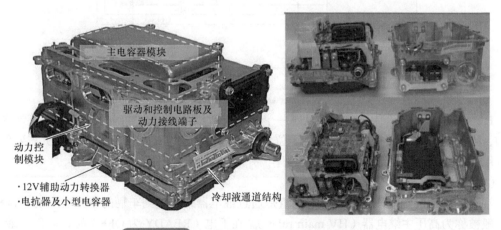

图 3-2-13 带转换器的逆变器总成内部结构

(1)变频器

变频器总成内部为多层结构,主要由电容、智能动力模块、电抗器(也称为"反应器")、MGECU、DC/DC 变换器等组成,如图 3-2-14 所示。

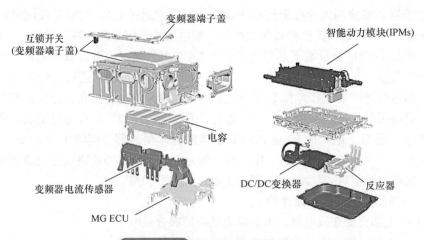

图 3-2-14 变频器的内部结构

变频器中的绝缘栅双极晶体管由 HV ECU 中的晶体管控制,每组线圈需要两个绝缘栅双极晶体管被触发产生磁场,进入绝缘栅双极晶体管控制信号的分离,是在变频器内部完成的,如图 3-2-15 所示。

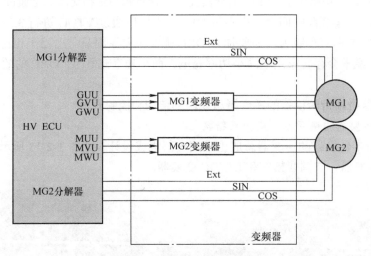

图 3-2-15 变频器系统图

HV ECU 需要知道什么时候触发哪一个绝缘栅双极晶体管,准确的转子位置需要告知 HV ECU,因此 HV ECU 接受分解器型转子位置传感器的信息。HV ECU 也计算电机需要的功率,并且用占空比信号触发绝缘栅双极晶体管。

(2)变频器中的电容器

混合动力或纯电动汽车的动力电池组是通过继电器来连接到车辆的变频器上的,这种继电器一般被称为高压主继电器(HV main relay)。在下电(READY 为 OFF)时,高压主继电器处于断开状态,此时高压回路不导通。当车辆通电(READY 为 ON)时,高压主继电器闭合,此时将动力电池组连接到车辆的变频器上。

在车辆处于断电(READY 为 OFF)状态时,变频器中的电容器必须通过变频器自身内部的电路进行放电处理,普锐斯变频器的电容器安装位置如图 3-2-16 所示。自放电过程可能需要

5~10min 的时间，对于需要在车辆的变频器或电机电路上进行作业的技术人员而言，必须先等到电容器已经完成放电作业后，方能进行工作。通常情况下，技术人员应使用高压电表来确认是否还存在剩余高压电。

技术人员必须经常查阅汽车厂家维修信息，以便精确地了解车辆的电容器放电所需时间，同时还要准确了解进行电压检查作业时的测量点位置。

（3）增压转换器（可变电压系统）

有很多变频器都配备了增压转换器，它是一种高压 DC/DC 变换器，在将直流电转变成交流电之前，增压转换器用来提升驱动系统动力电池组所产生的直流电的电压水平。在一个给定的功率输出要求下，如果电压升高，则电流会相应减小。这可以减少电阻损失，同时提高了系统的效率。

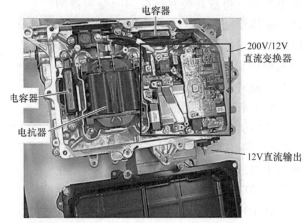

图 3-2-16　变频器中的电容器及 DC/DC 变换器

在较高的电压条件下，电机也能够提高其最大转速并在此最大转速下运行。

可根据需要将电动机和发电机的电源电压进行无级升压，由一般情况下 DC 201.6V 最大升至 DC 650V。逆变器将增压转换器增压后的电压转换为用于驱动 MG1 和 MG2 的交流电。电机作为发电机工作时，产生的交流电通过逆变器转换为直流电。增压转换器将该电压降至大约 201.6 V 的直流电以对动力电池组充电。增压转换器包括增压 IPM（集成功率模块）、内置的 IGBT（绝缘二极管，进行转换控制）、电抗器（存储能量），如图 3-2-17 所示。这意味着由小电流可提供大的电力供给，发挥高输出电动机的性能，提供系统整体的效率。同时这也意味着变频器将变得更小、更轻。

图 3-2-17　变频器中的增压变换器及空调变频器

在电池组直流电转变成交流电之前，增压转换器可以用来对电池组输出的直流电进行升压，从而驱动一台或更多的电机，如图 3-2-18 所示。

增压变换器包括一个被称为电抗器的线圈（图3-2-16），它可以在连接到汽车动力电池组的高压正、负电路之间进行切换。在电抗器充电之后，将被切换并连接到向变频器的功率晶体管进行供电的高压正、负电路上。电抗器向这些高压正、负电路放电，其产生的电压比为其充电的动力电池组的电压更高。这种切换动作是通过脉冲宽度调制（PWM）来进行控制的，从而实现对功率晶体管的供电电压进行调节。

电压升压操作通常出现在需要加大负载或需要进行突然负载的情况下，例如在汽车加速时就需要进行电压升压。升压比

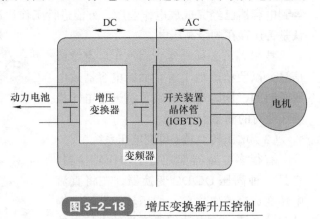

图3-2-18　增压变换器升压控制

可以在1:1（无升压）至4:1区间范围内任意变化。根据系统的状况，可以存在多个升压水平。增压转换器也可用于降低交流电压，直到使其能够适合于对动力电池组进行充电作业。

（4）DC/DC变换器

将高压蓄电池和发电机发出的201.6V直流电减压至12V，以供车辆的辅助设备（如车灯、音响设备）、电子部件ECU作为电源使用，一般安装在变频器的下方，如图3-2-16所示。此外，它还对辅助蓄电池充电。

晶体管桥接电路先将201.6V的直流电转换为交流电，并经变压器降压。然后，经整流和滤波（转换为直流）转换为12V的直流电，如图3-2-19所示。混合动力车辆转换器控制输出电压，以保持辅助蓄电池端子处的电压恒定。

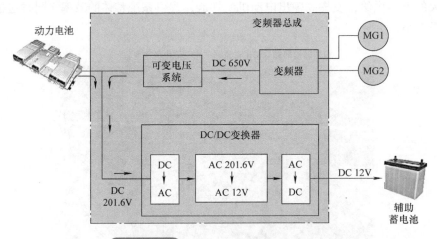

图3-2-19　DC/DC变换器控制示意图

以上所介绍的变频器电路都属于直流电路。直流电必须被转变成交流电方能向车辆提供动力。为了将直流电转换成三相交流电，至少需要六根功率晶体管。目前最常见的功率晶体管是绝缘栅双极型晶体管（IGBT），它与一根二极管并联，当电机以发电机模式运转时，允许电流回流到车辆的电池组中。除了极少数例外，变频器的功率晶体管通常不支持维修操作，也不能被单独替换。如果技术人员确定有功率晶体管出现开路或短路故障，则需要更换整个变频器。

项目3 电机控制器的结构与检修

2.2.2 变频器的控制原理

变频器的控制原理基本一样,在电动机工作过程中,既可以将电池组中的直流电(DC)转变成交流电(AC),又可以整流电机所发出的交流电(AC),产生适当电压的直流电,用于对动力电池组进行充电。下面以丰田普锐斯带有增压转换器的逆变器总成为例,进行比较全面的控制原理介绍。

高压电从动力电池组经过系统主继电器到变频器和转换器。然后直流电变为MG1和MG2需要的交流电,也转换为空调压缩电动机和EPS需要的交流电或辅助蓄电池需要的直流电。在本章节中,我们主要关心高压系统变频器是如何工作的。图3-2-20所示是动力电池、电力总线、电压变换器、交直流逆变器与1号电机和2号电机联接的示意图。

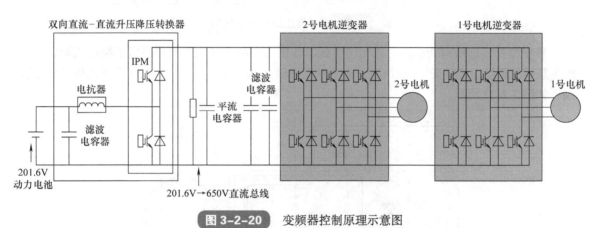

图3-2-20 变频器控制原理示意图

(1)增压原理

电功率=电压×电流,如果电压变为2倍并且电功率不变,电流将减半;发热量=电流的二次方×电阻,那么热能损失将降低至1/4。通过电抗器进行电压增大的操作,如图3-2-21所示。晶体管的开关频率是5kHz,当电流流动时电抗器自感线圈将电能转化为磁能。

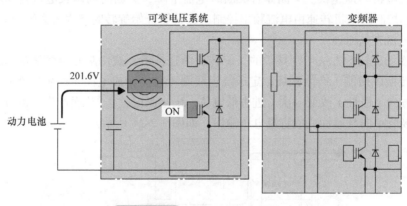

图3-2-21 增压原理(电转磁)

当电流被截止时,线圈内部的磁场发生变化,通过磁场的增强转化的电压增大,所感应出的电流就被二极管引导给电容器充电,如图3-2-22所示。

(2)电机驱动原理

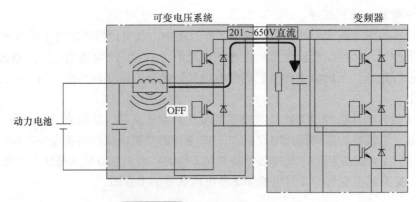

图 3-2-22　增压原理（磁转电）

转子位置传感器判断状态，让相应的晶体管接通。高压电经变频器到定子绕组线圈，通电产生旋转的磁场（电转磁），利用右手法则判定磁极，同性相斥，异性相吸使转子的磁铁随之转动，如图 3-2-23 所示。

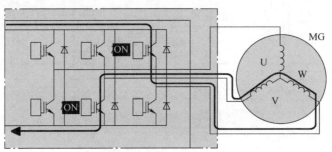

图 3-2-23　电机驱动原理

此时，W 晶体管导通，V 晶体管 PWM 控制电流的大小和频率。V 晶体管导通时电流上升，接通时间越长电机转速越快。V 晶体管关断时电流下降，关断时间越长电机转速越慢。电机转矩由电流大小控制。电机转速由电流频率控制，在转子开始旋转时产生最大转矩。

（3）发电机充电原理

采用让磁场旋转的方法切割导线的，旋转磁场是转子，被切割的导线是定子绕组。转子旋转（机械能转换成磁能）产生磁场，定子绕组线圈（磁能转换成电能）产生电能；每转动 180°产生的电压方向（极性）改变一次（进去低电位，出来高电位），从而产生交流方波电。然后经过变频器二极管单向导通性变成直流电压输出，如图 3-2-24 所示。

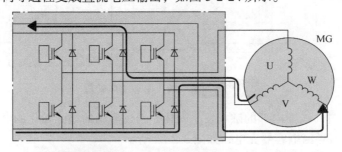

图 3-2-24　发电机充电原理（交流转直流）

由于此时转换的直流电偏高，无法直接转化到动力电池组所需的电压，仍需要通过增压转换器进行降压处理，如图 3-2-25 所示。

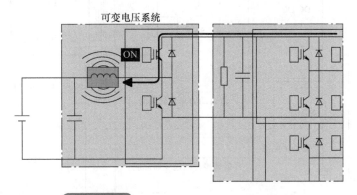

图 3-2-25　发电机充电原理（充电转换）

晶体管接通，电抗器将电能转化为磁能。当晶体管断开，切断电流时，电抗器将磁能转化为电能给电容充电，进行降压。晶体管重新打开时，电容给 HV 高压电池补充充电。

（4）DC/DC 变换器工作原理

DC/DC 变换器内置于变频器中，由于不能直接将高压直流电转化为低压直流电，需要通过高压直流转高压交流（晶体管）、高压交流转低压交流（变压器）、低压交流转低压直流（整流器与滤波）三个过程，如图 3-2-26 所示。

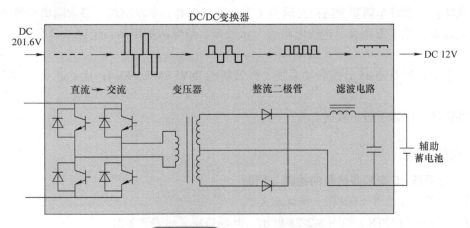

图 3-2-26　DC/DC 变换电路

如图 3-2-27 所示，DC/DC 变换器为并用一个内部控制线路操控，201.6V 高压从一侧与内部控制线路连接，内部控制线路控制晶体管。IGCT 继电器负责内部控制线路电源。12V 直流电的输出通过 AMD 线和 60A 熔丝给备用电池充电，在备用电池短路时保护 DC/DC 变换器，变换器可以通过 S 端子测量实际输出电压的一个反馈信号。动力管理控制 ECU 使用 NODD 信号线路向混合动力车辆转换器传输停止指令，并接收指示 12V 充电系统正常或异常状态的信号。VLO 是 HV ECU 根据车辆状态要求转换器操作的信号。如果车辆行驶时混合动力车辆转换器不工作，则辅助蓄电池的电压将降低，这将阻止车辆继续运行。因此，动力管理控制 ECU 监视混合动力车辆转换器的工作情况，并在检测到故障时，警告驾驶人。

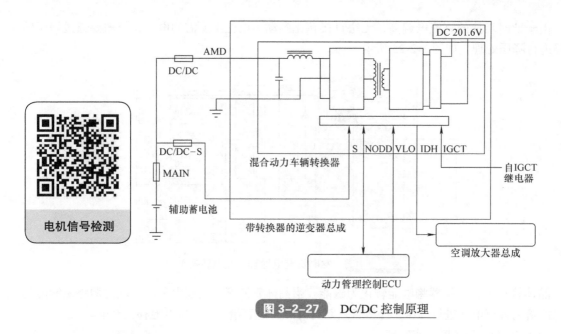

图 3-2-27　DC/DC 控制原理

四、任务实施

1. 任务准备

安全防护：做好车辆安全防护与隔离（车内外三件套、车轮挡块、警示隔离带等）。

工具设备：数字万用表、绝缘电阻表、示波器、绝缘防护用品、绝缘工具套装、常规工具套装。

台架车辆：比亚迪 e5 分控联动系统（行云新能 INW-EV-E5-FL）；比亚迪 e5 教学版和普锐斯整车。

辅助资料：维修手册、教材。

2. 实施步骤

2.1　比亚迪 e5 变频器信号的检测与判断

2.1.1　低压接插件（64PIN）接口定义

低压接插件（64PIN）如图 3-2-28 所示。其端口定义见表 3-2-2。

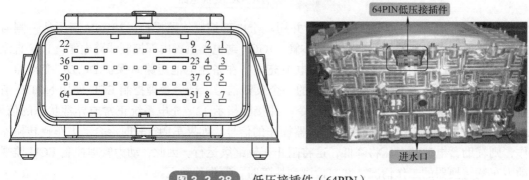

图 3-2-28　低压接插件（64PIN）

表 3-2-2 低压接插件（64PIN）端口定义

引脚号	端口名称	端口定义	线束接法	电源性质及电压标准值	备注
1	+12V	外部提供 ON 档电源	双路电	双路电	
2	+12V	外部提供常火电	常电	常电	
3	——				
4	+12V	外部提供 ON 档电源	双路电	双路电	
5	——				
6	GND	加速踏板深度屏蔽地	车身地		
7	GND	外部电源地	车身地		
8	GND	外部电源地	车身地		
9	——				
10	GND	巡航地			
11	GND	充电枪温度 1 地（标准）	充电口		
12	MES-BCM	BCM 充电连接信号	BCM		
13	NET-CC1	充电控制信号 1（标准）	充电口		
14	CRUISE-IN	巡航信号	转向盘		
15	STATOR-T-IN	电机绕组温度	电机		
16	CHAR-TEMP1	充电枪座温度信号 1（标准）	充电口		
17	DC-BRAKE1	制动踏板深度 1	制动踏板		
18	DC-GAIN2	加速踏板深度 2	加速踏板		
19	MES-BMS-OUT	BMS 信号	BMS		
20	——				
21	——				
22	——				
23	——				
24	——				
25	——				
26	GND	动力网 CAN 信号屏蔽地	充电口		
27	——				
28	——				
29	GND	电机模拟温度地	电机		
30	——				
31	DC-BRAKE2	制动踏板深度 2	制动踏板		
32	DC-GAIN1	加速踏板深度 1	加速踏板		

（续）

引脚号	端口名称	端口定义	线束接法	电源性质及电压标准值	备注
33	DIG-YL1-OUT	预留开关量输出 1	空		
34	DIG-YL2-OUT	预留开关量输出 2	空		
35	IN-HAND-BRAKE	驻车制动信号	预留		
36	——				
37	GND	制动踏板深度屏蔽地			
38	+5V	制动踏板深度电源 1	制动踏板		
39	+5V	加速踏板深度电源 2	加速踏板		
40	+5V	加速踏板深度电源 1	加速踏板		
41	+5V	制动踏板深度电源 2	制动踏板		
42	——				
43	SWITCH-YL1	预留开关量输入 1	空		
44	——	车内插座触发信号	车内插座		
45	GND	旋变屏蔽地	电机		
46	EXT-ECO/SPO	经济/运动模式输入	开关组		预留
47	NET-CP	充电电流确认信号（国标 CP）	充电口		
48	——				
49	CANH	动力网 CANH	动力网 CANH		
50	CANL	动力网 CANL	动力网 CANL		
51	GND	制动踏板深度电源地 1	制动踏板		
52	GND	加速踏板深度电源地 2	加速踏板		
53	——				
54	GND	加速踏板深度电源地 1	加速踏板		
55	GND	制动踏板深度电源地 2	制动踏板		
56	SWITCH-YL2	预留开关量输入 2	空		
57	IN-FEET-BRAKE	制动信号	制动踏板		
58	DSP-ECO/SPO-OUT	经济/运动模式输出	开关组		预留
59	EXCOUT	励磁 −	电机		
60	EXCOUT	励磁 +	电机		
61	COS+	余弦 +	电机		
62	COS-	余弦 −	电机		
63	SIN+	正弦 +	电机		
64	SIN-	正弦 −	电机		

2.1.2 低压接插件（33PIN）接口定义

低压接插件（33PIN）如图 3-2-29 所示。其端口定义见表 3-2-3。

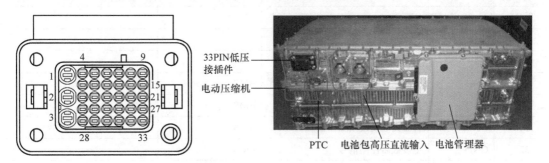

图 3-2-29　低压接插件（33PIN）

表 3-2-3　低压接插件（33PIN）端口定义

引脚号	端口名称	端口定义	线束接法	电源性质及电压标准值
1-3	——	空脚		
4	VCC	双路电电源	双路电	双路电（+12V）
5	VCC	双路电电源	双路电	
6				
7	——			
8	GND	双路电电源地	车身接地	双路电
9	GND	双路电电源地	车身接地	
10	GND	直流霍尔屏蔽地	BMS	
11				
12	——			
13	GND	CAN 屏蔽地		
14	CAN_H	动力网 CAN_H	动力网	
15	CAN_L	动力网 CAN_L	动力网	
16	15V	直流霍尔电源 +	BMS	
17	15V	直流霍尔电源 -	BMS	
18	HALL	直流霍尔信号	BMS	
19	——			
20		一般漏电信号	BMS	
21		严重漏电信号	BMS	
22	驱动/充电	高压互锁 +	BMS	
23		高压互锁 -	电池包	
24	12V	主接触器/预充接触器电源	高压分配箱	双路电
25	12V	交直流充电正负极接触器电源	高压分配箱	双路电

(续)

引脚号	端口名称	端口定义	线束接法	电源性质及电压标准值
26	——			
27	——			
28	——			
29	GND	主预充接触器控制信号	BMS	
30	GND	直流充电正极接触器控制信号	BMS	
31	GND	直流充电负极接触器控制信号	BMS	
32	GND	主接触器控制信号	BMS	
33	GND	交流充电接触器控制信号	BMS	

2.1.3 漏电传感器接口定义

漏电传感器接口及定义如图 3-2-30 所示。

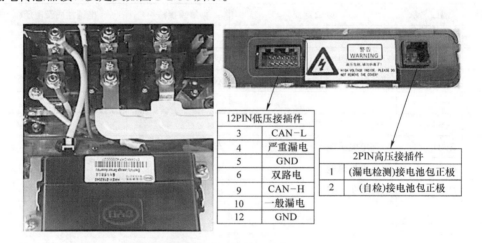

图 3-2-30　漏电传感器接口及定义

2.2 丰田普锐斯变频器信号的检测与判断

2.2.1 动力管理控制 ECU 接口定义

动力管理控制 ECU 接口如图 3-2-31 所示，接口定义见表 3-2-4。

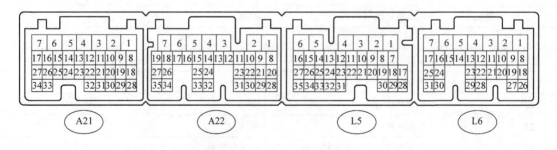

图 3-2-31　动力管理控制 ECU 接口

表 3-2-4　动力管理控制 ECU 接口定义

端子编号（符号）	配线颜色	端子描述	条件	规定状态
A21-2(+b2)—L5-6(E1)	L-BR	电源	电源开关 ON(IG)	11~14V
A21-4(FCTL)—L5-5(E01)	BR-W-B	冷却风扇继电器信号	电源开关 ON(IG)	低于 2V
A21-111(VLO)—l5-6(E1)	R-BR	DC/DC 操作监视/电压变化信号	电源开关 ON(IG)	产生脉冲（波形 1）
A21-13(IWP)—L5-6(E1)	G-BR	逆变器水泵总成信号	电源开关 ON(READY)	产生脉冲（波形 2）
A21-14(NIWP)—L5-6(E1)	P-BR	逆变器水泵总成信号	电源开关 ON(READY)	产生脉冲（波形 2）
A21-15(BL)—L5-6(E1)	R-BR	倒车灯	电源开关 ON(IG)，变速杆置于 R	11~14V
A21-16(GI)—L5-6(E1)	Y-BR	凸轮轴位置传感器信号	发动机运转时电源开关 ON(READY)	产生脉冲（波形 3）
A21-19(CLK)—L5-6(E1)	G-BR	空调通信信号	电源开关 ON(IG)，空调系统停止	产生脉冲（波形 4）
A20-19(STB)—L5-6(E1)	W-BR	空调通信信号	电源开关 ON(IG)，空调系统停止	产生脉冲（波形 4）
A21-21(NODD)—L5-6(E1)	W-BR	DC/DC 操作	转换器正常工作	5~7V
A21-21(NODD)—L5-6(E1)	W-BR	DC/DC 操作	转换器未正常工作	2~4V
A21-21(NODD)—L5-6(E1)	W-BR	DC/DC 操作	禁止转换器工作	0.1~0.5V
A21-26(GMT)—A25-27(GMTG)	L-BR	电动机温度传感器	电源开关 ON(IG)，温度为 25℃	3.6~4.6V
A21-26(GMT)—A25-27(GMTG)	L-BR	电动机温度传感器	电源开关 ON(IG)，温度为 60℃	2.2~3.2V
A21-26(GMT)—A21-27(GMTG)	B-R	发电机温度传感器	电源开关 ON(IG)，温度为 25℃	3.6~4.6V
A21-26(GMT)—A21-27(GMTG)	B-R	发电机温度传感器	电源开关 ON(IG)，温度为 60℃	2.2~3.2V
A21-29(SIO)—L5-6(E1)	Y-BR	HV 蓄电池鼓风机风扇	电源开关 ON(IG)，主动测试过程中	产生脉冲（波形 5）
A21-30(ETI)—L5-6(E1)	R-BR	空调通信信号	电源开关 ON(READY)，空调系统停止	产生脉冲（波形 4）
A21-31(ITE)—L5-6(E1)	Y-BR	空调通信信号	电源开关 ON(READY)，空调系统停止	产生脉冲（波形 4）
A21-32(ILK)—L5-6(E1)	V-BR	互锁开关	电源开关 ON(IG)，逆变器盖、高压输入电缆和维修塞把手已正确安装	0~1.5V

（续）

端子编号（符号）	配线颜色	端子描述	条件	规定状态
A21-32(ILK)—L56-6(E1)	V-BR	互锁开关	电源开关 ON(IG)，逆变器盖、高压输入电缆或维修塞把手未安装	11~14V
A22-1(IG2)—L5-6(E1)	R-BR	电源	电源开关 ON(IG)	11~14V
A22-2(IG2D)—L5-6(E1)	V-BR	IG2 继电器	电源开关 ON(IG)	11~14V
A22-5(+B1)—L5-6(E1)	L-BR	电源	电源开关 ON(IG)	11~14V
A22-6(MREL)—L5-6(E1)	BE-BR	主继电器	电源开关 ON(IG)	11~14V
A22-7(ST1)—L5-6(E1)	R-BR	制动取消开关	电源开关 ON(IG)，踩下制动踏板	0~1.5V
A22-7(ST1)—L5-6(E1)	R-BR	制动取消开关	电源开关 ON(IG)，踩下制动踏板	11~14V
A22-18(VCP1)—A22-35(EP1)	Y-B	加速踏板位置传感器电源（VPA1）	电源开关 ON(IG)	4.5~5.5V
A22-19(VCP1)—A22-35(EP2)	G-R	加速踏板位置传感器电源（VPA2）	电源开关 ON(IG)	4.5~5.5V
A22-20(CLK-)—L5-6(E1)	W-BR	MG 通信时钟信号	电源开关 ON(IG)	产生脉冲（波形6）
A22-21(CLK+)—L5-6(E1)	B-BR	MG 通信时钟信号	电源开关 ON(IG)	产生脉冲（波形6）
A22-22(PCON)—L5-6(E1)	LG-BR	P 位置开关信号	电源开关 ON(IG)，选择驻车档 (P)	产生脉冲（波形7）
A22-23(STP)—L5-6(E1)	L-BR	制动灯开关	踩下制动踏板	11~14V
A22-23(STP)—L5-6(E1)	L-BR	制动灯开关	松开制动踏板	0~1.5V
A22-24(HTM+)—L5-6(E1)	B-BR	从动力管理控制 ECU 至 MG ECU 的通信信号	电源开关 ON(IG)	产生脉冲（波形8）
A22-25(HTM-)—L5-6(E1)	W-BR	从动力管理控制 ECU 至 MG ECU 的通信信号	电源开关 ON(IG)	产生脉冲（波形8）
A22-26(VPA1)—A22-34(EP1)	L-B	加速踏板位置传感器（加速踏板位置检测）	电源开关 ON(IG)，松开加速踏板	0.4~1.4V
A22-26(VPA1)—A22-34(EP1)	L-B	加速踏板位置传感器（加速踏板位置检测）	电源开关 ON(IG)，发动机停止，选择驻车档 (P)，完全踩下加速踏板	2.6~4.5V
A22-27(VPA2)—A22-35(EP2)	W-R	加速踏板位置传感器（加速踏板位置检测）	电源开关 ON(IG)，松开加速踏板	1.0~2.2V
A22-27(VPA2)—A22-35(EP2)	W-R	加速踏板位置传感器（加速踏板位置检测）	电源开关 ON(IG)，发动机停止，选择驻车档 (P)，完全踩下加速踏板	3.4~5.3V
A22-28(PPOS)—L5-6(E1)	W-BR	P 位置开关信号	电源开关 ON(IG)，选择驻车档 (P)	产生脉冲（波形7）

项目 3　电机控制器的结构与检修

（续）

端子编号（符号）	配线颜色	端子描述	条件	规定状态
A22-29(MTH-)—L5-6(E1)	W-BR	从 MG-ECU 至动力管理控制 ECU 的通信信号	电源开关 ON(IG)	产生脉冲（波形 9）
A22-30(MTH+)—L5-6(E1)	B-BR	从 MG-ECU 至动力管理控制 ECU 的通信信号	电源开关 ON(IG)	产生脉冲（波形 9）
A22-31(HSDN)—L5-6(E1)	B-BR	MG-ECU 切断信号	电源开关 ON(READY)	0~1.5V
A22-32(REQ-)—L5-6(E1)	W-BR	MG-ECU 通信请求信号	电源开关 ON(IG)	产生脉冲（波形 10）
A22-33(REQ+)—L5-6(E1)	B-BR	MG-ECU 通信请求信号	电源开关 ON(IG)	产生脉冲（波形 10）
L5-1(AM22)—L5-5(E01)	W-BR	稳压电源	电源开关 ON(IG)	11~14V
L5-1(AM22)—L5-5(E01)	W-BR	稳压电源	电源开关 ON(READY)	11~15.5V
L5-2(SMRG)—L5-5(E01)	Y-W-B	系统主继电器	电源开关 ON(IG)→电源开关 ON(READY)	产生脉冲（波形 11）
L5-3(SMRP)—L5-5(E01)	W-W-B	系统主继电器	电源开关 ON(IG)→电源开关 ON(READY)	产生脉冲（波形 11）
L5-4(SMRP)—L5-5(E01)	SB-W-B	系统主继电器	电源开关 ON(IG)→电源开关 ON(READY)	产生脉冲（波形 11）
L5-7(SSW1)—L5-6(E1)	B-BR	电源开关	按住电源开关	0~1.5V
L5-11(TC)—L5-6(E1)	P-BR	诊断端子	电源开关 ON(IG)	11~14V
L5-13(EVSW)—L5-6(E1)	B-BR	EV 行驶模式开关信号	电源开关 ON(IG)，EV 行驶模式开关（集成控制和面板分总成）关闭	11~14V
L5-13(EVSW)—L5-6(E1)	B-BR	EV 行驶模式开关信号	电源开关 ON(IG)，EV 行驶模式开关（集成控制和面板分总成）关闭	0~1.5V
L5-14(SPDI)—L5-6(E1)	V-BR	车速信号	大约 20km/h	产生脉冲（波形 12）
L5-16(P1)—L5-6(E1)	Y-BR	P 位置开关信号	电源开关 ON(IG)，P 位置开关关闭	7~12V
L5-16(P1)—L5-6(E1)	Y-BR	P 位置开关信号	电源开关 ON(IG)，P 位置开关打开	3~5V
L5-17(VSX4)—L5-6(E1)	P-BR	变速杆位置传感器电源（VCX4）	电源开关 ON(IG)	11~14V
L5-18(VSX4)—L5-6(E1)	LG-BR	变速杆位置传感器（副）	电源开关 ON(IG)，变速杆置于原始位置	1.0~1.6V
L5-18(VSX4)—L5-6(E1)	LG-BR	变速杆位置传感器（副）	电源开关 ON(IG)，变速杆置于 R、N 或 D 位置	2.9~4.3V

（续）

端子编号（符号）	配线颜色	端子描述	条件	规定状态
L5-19(VSX3)—L5-6(E1)	W-BR	变速杆位置传感器电源（VCX3）	电源开关 ON(IG)	11~14V
L5-20(VSX3)—L5-6(E1)	BR-BR	变速杆位置传感器（主）	电源开关 ON(IG)，变速杆置于 R、N 或 D 位置	1.0~1.6V
L5-20(VSX3)—L5-6(E1)	BR-BR	变速杆位置传感器（主）	电源开关 ON(IG)，变速杆置于 R、N 或 D 位置	2.9~4.3V
L5-21(VCX1)—L5-23(E2X1)	G-Y	变速杆位置传感器电源（VCX2）	电源开关 ON(IG)	4.5~5.5V
L5-22(VCX1)—L5-23(E2X1)	L-Y	变速杆位置传感器（副）	电源开关 ON(IG)，变速杆置于原始位置	2.0~3.0V
L5-22(VCX1)—L5-23(E2X1)	L-Y	变速杆位置传感器（副）	电源开关 ON(IG)，变速杆置于 R	0.3~1.8V
L5-22(VCX1)—L5-23(E2X1)	L-Y	变速杆位置传感器（副）	电源开关 ON(IG)，变速杆置于 B 或 D 位置	3.2~4.8V
L5-25(VCX1)—L5-24(E2X1)	B-R	变速杆位置传感器（主）	电源开关 ON(IG)，变速杆置于原始位置	2.0~3.0V
L5-25(VCX1)—L5-24(E2X1)	B-R	变速杆位置传感器（主）	电源开关 ON(IG)，变速杆置于 R	0.3~0.8V
L5-25(VCX1)—L5-24(E2X1)	B-R	变速杆位置传感器（主）	电源开关 ON(IG)，变速杆置于 B 或 D 位置	3.2~4.8V
L5-26(VCX1)—L5-24(E2X1)	W-R	变速杆位置传感器电源（VCX1）	电源开关 ON(IG)	4.5~5.5V
L5-28(THB)—L5-30(ETHB)	L-V	辅助蓄电池温度	电源开关 ON(IG)，辅助蓄电池温度为 25℃	1.7~2.3V
L5-28(THB)—L5-30(ETHB)	L-V	辅助蓄电池温度	电源开关 ON(IG)，辅助蓄电池温度为 60℃	0.6~0.9V
L5-29(ABFS)—L5-6(E1)	B-BR	空气囊激活信号	电源开关 ON(READY)（电源开关 ON(ACC) 后 2s）	产生脉冲（波形 13）
L5-32(BTH+)—L5-6(E1)	R-BR	从蓄电池智能单元至动力管理控制 ECU 的通信信号	电源开关 ON(IG)	产生脉冲（波形 14）
L5-33(BTH−)—L5-6(E1)	G-BR	从蓄电池智能单元至动力管理控制 ECU 的通信信号	电源开关 ON(IG)	产生脉冲（波形 14）

项目3 电机控制器的结构与检修

（续）

端子编号（符号）	配线颜色	端子描述	条件	规定状态
L5-34(CA2H)—L5-6(E1)	P-BR	CAN通信系统	电源开关ON(IG)	产生脉冲（波形15）
L5-35(CA2LH)—L5-6(E1)	V-BR	CAN通信系统	电源开关ON(IG)	产生脉冲（波形15）
L6-1(ACCD)—L5-6(E1)	G-BR	ACC继电器	电源开关ON(ACC)	11~14V
L6-2(1G1D)—L5-6(E1)	B-BR	IG1继电器	电源开关ON(IG)	11~14V
L6-7(AM21)—L5-6(E1)	W-BR	稳压电源	电源开关ON(IG)	11~14V
L6-7(AM21)—L5-6(E1)	W-BR	稳压电源	电源开关ON(READY)	11~15.5V
L6-17(SSW2)—L5-6(E1)	L-BR	LIN通信系统	电源开关ON(IG)，踩下制动踏板	产生脉冲
L6-24(CA1L)—L5-6(E1)	Y-BR	电源开关	按住电源开关	0~1.5V
L6-25(CA1H)—L5-6(E1)	W-BR	CAN通信系统	电源开关ON(IG)	产生脉冲（波形16）
L6-25(CA1H)—L5-6(E1)	B-BR	CAN通信系统	电源开关ON(IG)	产生脉冲（波形16）
L6-30(CA3P)—L5-6(E1)	L-BR	CAN通信系统	电源开关ON(IG)	产生脉冲（波形17）
L6-31(CA3P)—L5-6(E1)	LG-BR	CAN通信系统	电源开关ON(IG)	产生脉冲（波形17）

2.2.2 逆变器控制ECU低压插接器接口定义

逆变器控制ECU低压插接器如图3-2-32所示，其接口定义见表3-2-5。

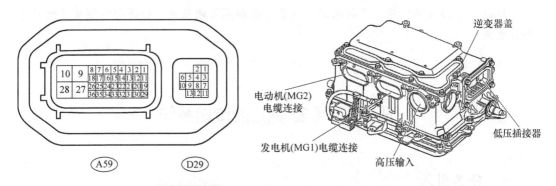

图3-2-32 逆变器控制ECU低压插接器

表3-2-5 逆变器控制器ECU低压插接器接口定义

端子编号（符号）	配线颜色	端子描述	条件	规定状态
A59-1(IGCT)—A59-28(GND1)	B-WB	MG ECU电源	电源开关ON(IG)	11~14V
A59-2(IDH)—A59-28(GND1)	L-WB	PTC加热器禁止信号	电源开关ON(IG)	4~6V
A59-3(VLO)—A59-28(GND1)	R-WB	DC/DC操作监视/电压变化信号	电源开关ON(IG)	产生脉冲（波形1）
A59-5(CLK+)—A59-28(GND1)	B-WB	通信时钟信号	电源开关ON(READY)	产生脉冲（波形2）
A59-6(REQ+)—A59-28(GND1)	B-WB	通信时钟信号	电源开关ON(READY)	产生脉冲（波形3）

项目 4

电驱动能量传递和热管理系统

项目描述

本项目共 2 个学习任务：
任务 1　电驱动能量传递系统。
任务 2　电驱动热管理系统。
通过 2 个任务的学习，了解电驱动能量传递和热管理系统，会进行电驱动系统的冷却液更换。

任务 1　电驱动能量传递系统

一、任务引入

当前主流的混合动力汽车和纯电动汽车在运作模型上并不是完全一样的。纯电动汽车只有电驱动系统模型；在混合动力汽车中，因发动机与电驱动系统部件交互运作，甚至存在其他的系统运作模型。由于各个厂家车型之间也有差异，本任务仅为一般示例，不代表所有可能的具体系统运作模型。

二、任务要求

知识要求：
- 了解混合动力汽车和纯电动汽车的能量传递路线。
- 了解制动能量回收控制逻辑。

项目 4　电驱动能量传递和热管理系统

职业素养要求：

- 严格执行汽车检修规范，养成严谨科学的工作态度。
- 尊重他人劳动，不窃取他人成果。
- 养成总结训练过程和结果的习惯，为下次训练积累经验。
- 养成团结协作精神。
- 严格执行 5S 现场管理。

三、相关知识

1. 混合动力汽车的能量传递路线

普锐斯混合动力汽车的能量传递路线由 1 号电机（MG1）、2 号电机（MG2）、行星齿轮组、汽油机和 ECU（电子控制单元）等组成，如图 4-1-1 所示。将发动机、发电机（MG1）和电动机（MG2）通过一个行星齿轮装置连接起来，要弄清楚普锐斯的"油"和"电"是怎样混合的，必须先熟悉一下行星齿轮组。从示意图上看，行星齿轮组由三部分组成：齿圈、行星架和行星齿轮、太阳轮。在行星座上有 4 个可以自转的行星齿轮，将齿圈、行星座、太阳轮啮合在一起。2 号电机和齿圈连在一起，汽油机和行星座连在一起，1 号电机和太阳轮连在一起，齿圈通过差速器和车轮关联实现最终驱动。动力从发动机输出到与其相连的行星架，行星架将一部分转矩传送到发电机，另一部分传送到传动轴，同时发电机也可以驱动电动机来驱动传动轴。这种机构有两个自由度，可以自由地控制两个不同的速度。当行星轮（汽油机）转动时，行星齿轮有两个负载：既可以推齿圈，也可以推动太阳轮。但是，因为齿圈是连着车轮的，推动齿圈意味着推动汽车，而太阳轮只是连着 1 号电机，所以，推动齿圈要比推动太阳轮困难得多。

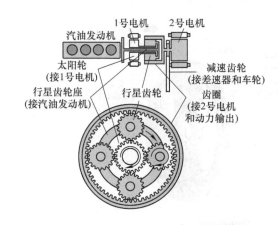 

图 4-1-1　普锐斯的能量传递路线

根据驾驶条件，该系统通过结合发动机、MG1 和 MG2 产生动力，各种结合的典型例子说明如下。

1.1　READY 灯打开状态

1.1.1　发动机停止

如果冷却液温度、SOC 状态、蓄电池温度和电载荷状态不满足条件，即使驾驶人按下

POWER 开关、READY 灯打开，发动机也不会运转。在这种状态下，发动机、MG1 和 MG2 均停止工作。

若要使车辆停止并换到 P 位，如果冷却液温度、SOC 状态、蓄电池温度和电载荷状态满足条件，则 HV ECU 将继续使发动机在预定时间段内运行，然后使发动机停机。

1.1.2 起动发动机

READY 灯打开，车辆处于 P 位或者倒车时，HV ECU 监视的任何项目不满足条件，HV ECU 起动 MG1（太阳轮带动支架运转）从而起动发动机，如图 4-1-2 所示。

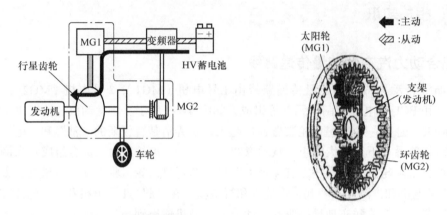

图 4-1-2　READY 状态起动发动机

运行期间，为了防止 MG1 的太阳轮的反作用力使 MG2 的环齿轮转动并驱动驱动轮，MG2 接收电流，施加制动，这个功能叫做反作用控制。在下一状态中，运转中的发动机起动作为发电机的 MG1，进而为 HV 蓄电池充电，如图 4-1-3 所示。

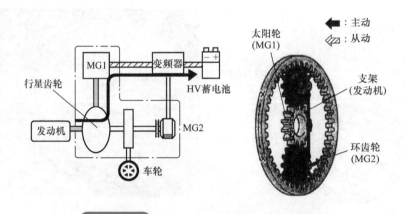

图 4-1-3　READY 状态起动后蓄电池充电

1.2　起步后

1.2.1　MG2 驱动

起步后，车辆仅由 MG2 驱动，这时，发动机保持停止状态，MG1 以反方向旋转而不发电，如图 4-1-4 所示。

项目4 电驱动能量传递和热管理系统

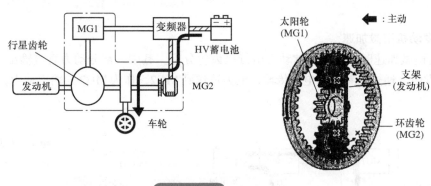

图 4-1-4　起步工况

1.2.2　起动发动机

当只有 MG2 工作时，在两种情况下发动机将被起动。一是如果增加驱动转矩，则 MG1 将被起动，进而起动发动机，如图 4-1-5 所示。二是如果 HV ECU 监视的任何项目（如 SOC 状态、蓄电池温度、冷却液温度和电载荷状态）与规定值有偏差，则 MG1 将被起动，进而起动发动机。

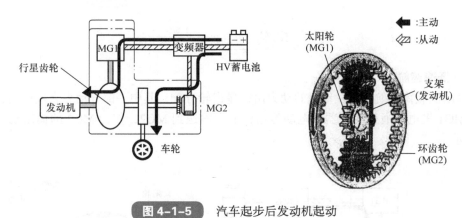

图 4-1-5　汽车起步后发动机起动

在下一状态中，已经起动的发动机将使 MG1 作为发电机为 HV 蓄电池充电。如果需要增加驱动转矩，发动机将起动作为发电机的 MG1 并转变为发动机稍微加速模式，如图 4-1-6 所示。

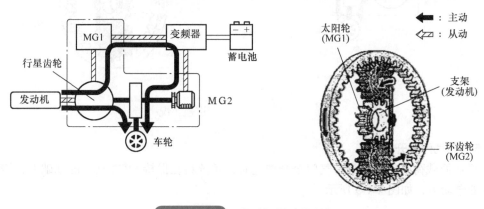

图 4-1-6　发动机驱动发电机

1.3 发动机稍微加速

发动机稍微加速时,发动机的动力由行星齿轮分配,其中一部分动力直接输出,剩余动力用于 MG1 发电。通过变频器的电动传输,电力输送到 MG2,作为 MG2 的输出动力,如图 4-1-7 所示。

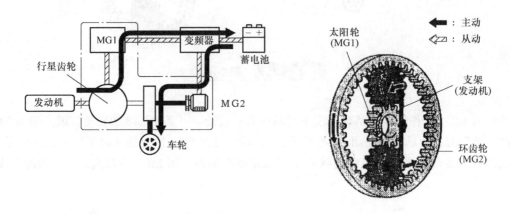

图 4-1-7 发动机稍微加速工况

1.4 低速巡航

车辆以低载荷巡航时,发动机的动力由行星齿轮分配,其中一部分动力直接输出,剩余动力用于 MG1 发电。通过变频器的电动传输,电力输送到 MG2,作为 MG2 的输出动力,如图 4-1-8 所示。

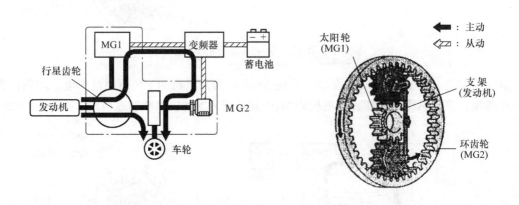

图 4-1-8 低载荷巡航工况

1.5 节气门全开加速

车辆从低载荷巡航转换为节气门全开加速时,系统将在保持 MG2 动力的基础上,增加 HV 蓄电池的电动力,如图 4-1-9 所示。

项目 4　电驱动能量传递和热管理系统

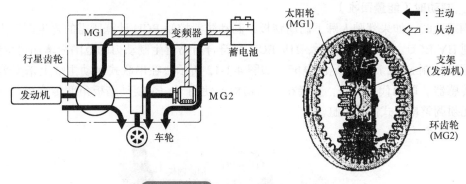

图 4-1-9　节气门全开加速工况

1.6　减速行驶

1.6.1　D 位减速

车辆以 D 位减速行驶时，发动机停止工作，动力为零。这时车轮驱动 MG2，使 MG2 作为发电机运行，并为 HV 蓄电池充电，如图 4-1-10 所示。车辆从较高速度开始减速时，发动机以预定速度继续工作，保护行星齿轮组。

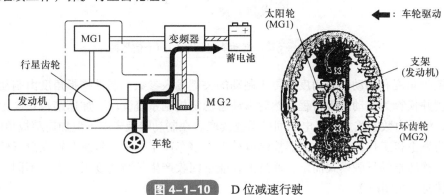

图 4-1-10　D 位减速行驶

1.6.2　B 位减速

车辆以 B 位减速行驶时，车轮驱动 MG2，使 MG2 作为发电机运行并为蓄电池充电，为 MG1 供电。这样，MG1 保持发动机转速并施加发动机制动，此时，发动机燃油供给被切断，如图 4-1-11 所示。

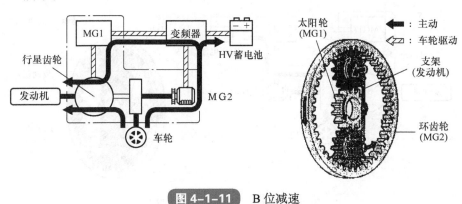

图 4-1-11　B 位减速

1.7 制动时（能量回收）

车辆减速时，如果驾驶人踩下制动踏板，制动防滑控制 ECU 计算所需的再生制动力并将信号发送到 HV ECU。接收到信号后，HV ECU 在符合所需再生制动力的范围内增加再生制动力，这样，可以控制 MG2 产生充足的电能。如图 4-1-12 所示，在串联式制动主缸上未安装制动踏板位移传感器。取而代之的是，直接在制动踏板上使用了一个制动踏板角度传感器。通过这种安排，无须调整串联式制动主缸。

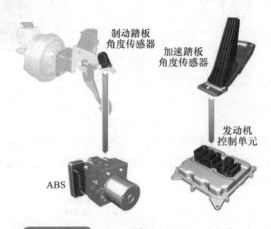

图 4-1-12　制动能量回收的两个信号源

加速踏板角度和制动踏板角度是再生制动的关键输入参数。制动踏板角度由制动踏板角度传感器检测并换算为制动踏板行程，然后由动态稳定控制系统读取。加速踏板角度由加速踏板模块检测，然后由数字式发动机电子伺控系统读取。在制动踏板未踩下但加速踏板角度为零时，电机就作为发电机工作。电机控制器控制电机，为整车产生一个与传统车辆在滑行模式中相当的制动力。视所选的行驶模式而定，通过滑动能量回收产生的减速度大小有所不同（发动机起动时、反转时、关闭时）。

1.8 倒车时

1.8.1 MG2 驱动

车辆倒车时，仅由 MG2 为车辆提供动力。此时，MG2 反向旋转，发动机不工作，MG1 正向旋转，但不发电，如图 4-1-13 所示。

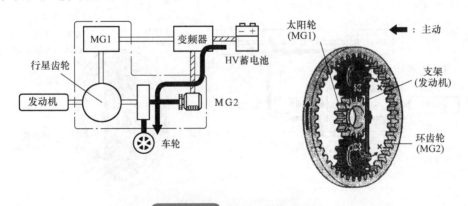

图 4-1-13　倒车时 MG2 驱动

1.8.2 起动发动机

只有 MG2 驱动车辆时，如果 HV ECU 监视的任何项目（如 SOC 状态、蓄电池温度、冷却液温度和电载荷状态）与规定值有偏差，则 MG1 将被起动，进而起动发动机，如图 4-1-14 所示。

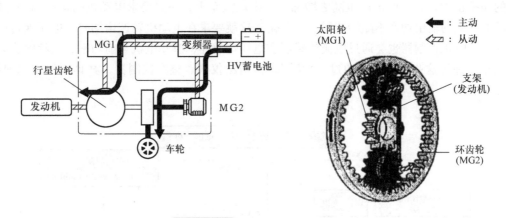

图 4-1-14　倒车时起动发动机

在下一状态中，已经起动的发动机起动作为发电机工作的 MG1，并为蓄电池充电，如图 4-1-15 所示。

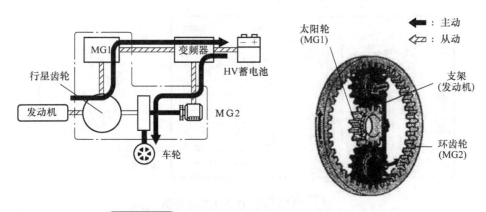

图 4-1-15　发动机起动 MG1 并为 HV 蓄电池充电

2. 纯电动汽车的能量传递路线

纯电动汽车与混合动力汽车相比，没有发动机，它可根据驾驶人的意愿分为几种状态，如变速杆置于 D 位加速行车时、减速制动时，变速杆置于 R 位倒车时等，来分别了解它的工作过程。

2.1　D 位加速行车

驾驶人将变速杆置于 D 位并踩加速踏板，此时档位信息和加速信息通过信号线传递给整车控制器，整车控制器把驾驶人的操作意图通过 CAN 线传递给驱动电机控制器，再由驱动电机控制器结合旋转变压器信息（转子位置），进而向永磁同步电动机的定子通入三相交流电，三相电流在定子绕组的电阻上产生电压降。由三相交流电产生的旋转电枢磁动势及建立的电枢磁场，一方面切割定子绕组，并在定子绕组中产生感应电动势；另一方面以电磁力拖动转子以同步转速正向旋转。随着加速踏板行程不断加大，电机控制器控制的6个IGBT导通频率上升，电动机的转矩随着电流的增加而增加，因此，基本上拥有最大的转矩。随着电动机转速的增加，电动机的功率也增加，同时电压也随之增加。在电动汽车上，一般要求电动机的输出功率保持恒定，即电动机的输出功率不随转速增加而变化，这就要求在电动机转速增加时，电压保持恒定。与此同时，电机控制器也会通过电流传感器和电压传感器，感知电机当前功率、消耗电流大小、电压大小，并把这些信息数据通过CAN网络传送给仪表、整车控制器，其具体工作原理如图4-1-16所示。

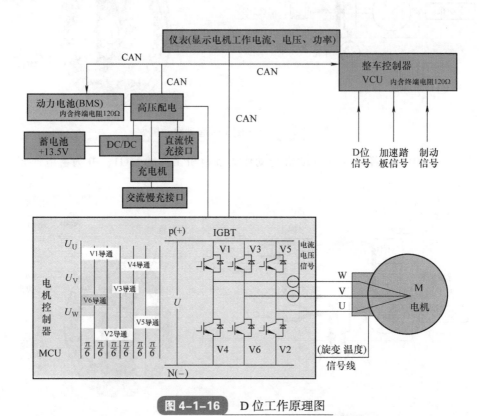

图4-1-16　D位工作原理图

2.2　R位行车

当驾驶人将变速杆置于R位时，驾驶人请求信号发给整车控制器，再通过CAN线发送给电机控制器，此时电机控制器结合当前转子位置（旋转变压器）信息，通过改变IGBT模块改变W、V、U通电顺序，进而控制电机反转。

2.3　制动时能量回收

在驾驶人松开加速踏板时，电机在惯性的作用下仍在旋转，设车轮转速为$v_{轮}$、电机转速为$v_{电机}$，车轮与电机固定传动比为K，当车辆减速时，$v_{轮}K < v_{电机}$时，电机仍是动力源，随着电机转速下降，当$v_{轮}K > v_{电机}$时，电机相当于被车辆带动而旋转，此时电动机变为发电机，如图4-1-17所示。

项目 4　电驱动能量传递和热管理系统

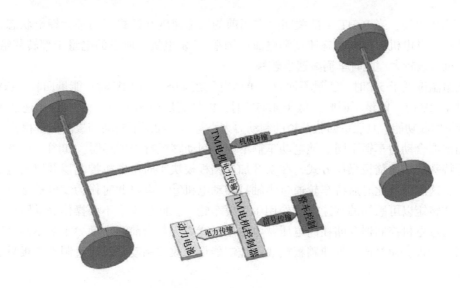

图 4-1-17　驱动电机变为发电机

BMS 可以根据电池充电特性曲线（充电电流、电压变化曲线与电池容量的关系）和采集的电池温度等参数计算出相应的允许最大充电电流。电机控制器根据电池允许最大充电电流，通过控制 IGBT 模块使"发电机"定子线圈旋转磁场角速度与电机转子角速度保持到发电电流不超过允许最大充电电流，以调整发电机向蓄电池充电的电流，同时这也控制了车辆的减速度，具体过程如图 4-1-18 所示。

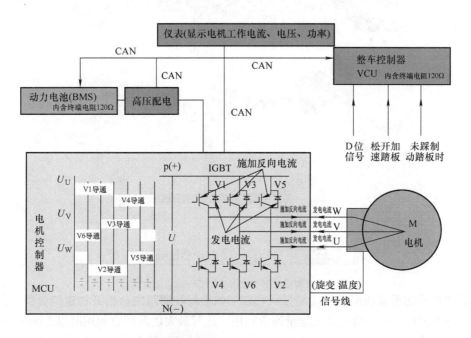

图 4-1-18　反向电流的施加

当踩下制动踏板时，电机控制器输出的电流频率会急剧下降，馈能电流在电机控制器的调节下充入高压电池,当IGBT全部关闭时在当前的反拖速度和模式下为最大馈能状态,此时电机控制器对"发电机"没有实施速度和电流的调整,"发电机"所发的电量全部转移给蓄电池,由于发电机负载较大,此时车辆减速也较快。

电池组温度低于5℃时,能量不回收。单体电压在4.05～4.12V时,能量回收6.1kW,单体电压超过4.12V时,能量不回收,低于4.05V时,能量满反馈SOC大于95%、车速低于30km/h时没有能量回收功能,且能量回收及辅助制动力大小与车速和踩下制动踏板的行程相关。

与当前混合动力车辆不同,纯电动车辆不使用制动踏板行程传感器。如图4-1-19所示,由于采用了特殊的加速踏板操作方式,在松开加速踏板模块①时由电机控制器③以发电机方式控制电机⑧。这意味着此时后桥车轮通过半轴⑪驱动电机⑧,电机此时作为发电机运行。此时产生的电机⑧转矩以可感知的减速方式作用于后桥车轮。在此过程中不必操作制动踏板⑥。所产生的能量通过电机控制器存储在高电压蓄电池单元④内。与当前混合动力车辆不同,这意味着不通过制动踏板⑥而是通过加速踏板模块①控制能量回收式制动Ⓒ。通过制动踏板只能进行液压制动Ⓐ。

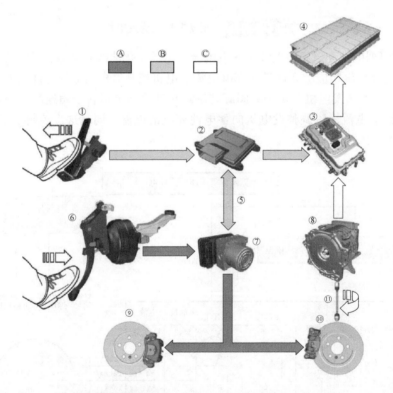

图4-1-19　纯电动汽车制动能量回收信号源

Ⓐ—液压制动　Ⓑ—信号流　Ⓒ—制动能量回收

由控制单元②要求和调节制动能量回收Ⓒ。如果行驶期间完全松开加速踏板模块①,控制单元②就会根据行驶状态确定最大能量回收利用。进行最大能量回收利用时以$1.6m/s^2$进行车辆减速。通过总线信号将要求发送至电机控制器③。电机控制器③根据控制单元②的要求控制电机⑧。

控制单元②带有一个连接数据总线的独立接口⑤。动态稳定控制系统⑦位于该总线系统内。动态稳定控制系统⑦的任务是识别出不稳定的车辆状态并采取相应措施使车辆准确保持行驶轨迹。在能量回收利用期间识别出不稳定的行驶情况时，动态稳定控制系统⑦会通过独立接口⑤发送有关即将出现危险行驶状态的信息。控制单元②确定与危险行驶状态相符的最大能量回收利用并向电机控制器③发送要求。电机控制器③根据变化的要求减少能量回收利用，从而降低减速度。这种调节方式称为发动机制拖力矩控制 MSR。

在纯电动车辆上操作制动踏板时，可像传统制动系统一样在双回路制动系统的液压系统内产生压力。在此通过电机进行能量回收利用或通过操作车轮制动器实现车辆整个制动过程。

任务 2　电驱动热管理系统

一、任务引入

新能源汽车车型不同，电驱动系统的热管理系统也不同，混合动力系统配有发动机，因此电驱动系统可以连接在发动机的冷却液循环中；而纯电动汽车需要单独的电子水泵进行冷却。电驱动热管理系统的冷却液更换是新能源汽车定期更换的重要项目之一。

二、任务要求

知识要求：

- 了解混合动力汽车和纯电动汽车的热管理系统。

技能要求：

- 会进行热管理系统相关组件和冷却液的更换。

职业素养要求：

- 严格执行汽车检修规范，养成严谨科学的工作态度。
- 尊重他人劳动，不窃取他人成果。
- 养成总结训练过程和结果的习惯，为下次训练积累经验。
- 养成团结协作精神。
- 严格执行 5S 现场管理。

三、相关知识

1. 电驱动系统的热管理

与内燃机相比，驱动电机系统在起动时（READY 为 ON 时）不会产生过多热，而且几乎不产生功率。驱动电机系统也比内燃机的效率更高，废热损失通常小于 5% 的输入功率。然而当以最大功率运作时，变频器可能会迅速产生大量热。所以几乎所有驱动电机系统都配有某种

155

类型的冷却系统。

和动力电池组一样，驱动电机系统可以有风冷和水冷两种冷却形式。驱动电机系统的主要产热源为其功率晶体管，它通常与一个铝散热片相连接，由铝散热片将晶体管产生的热传递给变频器冷却系统。通常情况下，变频器会自带温度传感器，进行温度监控以防止出现过热情况。变频器的温度传感器可以安装在电路板或晶体管组件等变频器元件上，或直接安装在变频器的冷却系统介质（空气或液体冷却液）中。

风冷式变频器的冷却原理为将变频器散热片的冷却叶片置于通风管道处或电动风扇出风口处，使其被管道或出风口吹入或抽入的风冷却。风冷式变频器通常被设计用来产生适度动力，主要作为汽车发动机的辅助动力的轻度混合动力汽车的驱动电机系统，可以通过风冷方式对其进行降温处理。通常情况下，空气冷却系统包括：冷风进风口、进风管道、冷却风扇、散热器（安装于变频器组件内）、出风口等。进风口通常位于汽车内部，从车辆的内部抽取新鲜空气。出风口通常将空气排出车外。有些风冷式变频器的冷却系统采用独立的风冷系统，用于变频器和/或车辆DC/DC变换器的降温，而另外一些情况则是将变频器的风冷系统与车辆电池组的冷却系统整合到一起。

由于风冷式变频器不需要散热器或液体冷却液管路，它也可以被安装在发动机舱之外的区域。例如，本田思域混合动力汽车的所有主要高压部件都采用风冷，所以其风冷式变频器与风冷式的动力电池组和DC/DC变换器一起，都装在汽车后座的后面。

大多数混合动力汽车和纯电动汽车采用的是水冷式变频器，这种变频器位于汽车的机舱中，其冷却液的进、出口易于连接到散热器上以方便对冷却液降温。其冷却液通常与发动机冷却液类似或相同。在混合动力汽车中，几乎所有此类水冷系统的冷却液回路都完全独立于发动机的冷却系统。水冷式变频器的冷却回路至少包括一个散热器、一个膨胀水箱、一个冷却风机、冷却液软管、一个电子水泵以及穿过变频器的内部冷却管道，如图4-2-1所示。因为变频器冷却系统用于散热而不是调节保温变频器，所以该冷却系统不需要恒温器。

图4-2-1　水冷式变频器

冷却液从散热器泵入变频器内部，但不接触变频器的工作部件。散热设备将变频器部件产生的热能传递给冷却液。然后冷却液流回到散热器，在冷却风扇的帮助下，散热器将热能传递到周围空气中。

通用汽车在2005～2007 PHT车型（一款并联混合动力货车）中尝试了特别的变频器冷却

系统。它使用的是一种不导电的冷却液（名为全氟三丁胺），在变频器内部组件中流过并吸热，之后被泵入换热器并将热能传递给传统水冷系统以完成热循环。

一些变频器水冷系统还会冷却其他组件。例如在丰田混合动力汽车某些车型里，汽车驱动桥的散热片会与变频器冷却回路合并，一同被变频器的水冷系统冷却。

有些水冷型变频器的冷却系统，在进行排空及灌注作业时很难不产生气泡。冷却液更换加注器（图4-2-2）可通过车间气源产生真空，使作业变得更加容易。此外，这个工具对于维修发动机冷却系统和动力电池组液体冷却系统的技术人员也有一定用处。

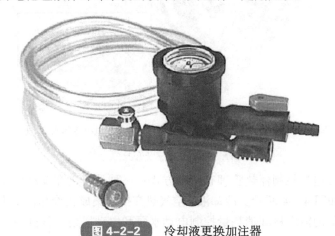

图 4-2-2　冷却液更换加注器

在液体冷却系统被排空并重新封上后，技术人员通过以上工具在系统中形成一个真空，然后再通过所形成的真空将制冷剂吸入到系统中，直到制冷剂充满为止。

水冷型变频器的冷却系统可能会引发故障，在出现故障的情况下，可能会生成一个DTC（故障码），当然也可能会不生成DTC。很多混合动力汽车和纯电动汽车会通过一个或多个监控点来检测变频器的温度，并将监控结果显示在控制系统数字监控信息中。一般而言，大多数变频器在静止或在轻负载条件下，其工作温度会小于38℃；在重负载条件下，其工作温度可以高达82℃。

技术人员也可以将手放在冷却液泵体上感觉是否有振动，通过这种方式来验证变频器冷却液泵是否在工作。然而，即使该泵能够正常工作，也并不能保证冷却液能够足量流动，这是因为气泡或其他堵塞也可能对冷却液的正常流动产生不良影响。技术人员可以拆下变频器膨胀箱的盖子并验证冷却液是否正常流动，在此基础上可以确定冷却液循环是否正常。如果变频器出现过热，在冷却液流量充足的情况下，技术人员不妨检查一下冷却液的质量情况。加错冷却液，或者冷却液未能与水进行适当的混合，这些都可能会导致变频器冷却问题。

有些汽车生产厂家正在尝试采用碳化硅或氮化镓晶体管，这两种晶体管相对于目前的功率晶体管能够更好地适应更高的温度环境。这种变频器如果要安装在混合动力汽车上，一般是通过车辆发动机冷却系统进行冷却。这将会使车辆的冷却系统变得简单化，同时也降低了生产成本。但是，它同时也可能会使冷却系统的诊断工作变得复杂。

2. 混合动力汽车的热管理系统

混合动力汽车配有发动机，因此电机连接在发动机的冷却液循环中，如图4-2-3所示。

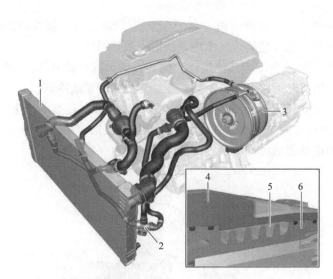

1—散热器　2—节温器　3—电机　4—变速器外壳　5—电机冷却水道　6—定子支架

图 4-2-3　电机热管理系统

混合动力汽车的电机控制器热管理有两种方式：一种是连接在发动机冷却系统；一种是自身带有电动水泵，如图 4-2-4 所示。冷却液 - 空气热交换器集成在冷却模块中。根据电机控制器的冷却请求，以优化的需求量和消耗量控制电动水泵和电动风扇。根据需求控制电动风扇和电动水泵，避免可能有损电子装置使用寿命的剧烈温度波动以及高效地进行冷却。

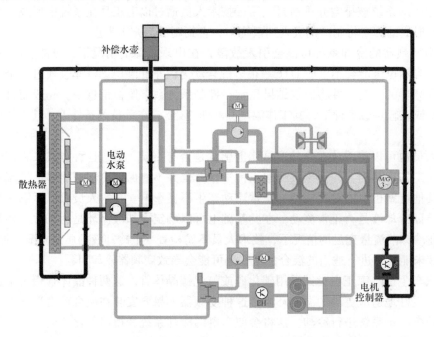

图 4-2-4　电机控制器热管理示意图

3. 纯电动汽车的热管理系统

纯电动汽车没有发动机，因此为了给驱动电机和控制器散热，沿用原车散热器及膨胀水箱，采用电动水泵，全新设计水管。比亚迪 e5 采用电动水泵冷却循环系统、双散热风扇，安装在电机前部，如图 4-2-5 所示。冷却系统由主控制器进行控制，通过对冷却液温度传感器的检测，并且参考空调请求状态共同决定对冷却风扇和冷凝风扇的控制，确保各系统在正常温度下工作。

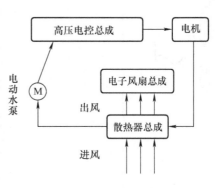

图 4-2-5　电驱动热管理系统

加注乙二醇型长效防锈防冻液（常温性：冰点 -25℃，适用于南方全年及北方夏季；耐寒性：冰点 -40℃，适用于北方冬季），用量 6.2L。保养更换周期：每 4 年或 100000km 更换长效有机酸型冷却液，以先到者为准。

为了更加清晰地展示，选择宝马 i3 选装所有配置的冷却系统为例进行阐述，如图 4-2-6 所示。纯电动汽车热管理系统所有循环回路中深色表示较低温度，浅色表示冷却液温度较高，不同的灰度表示不同程度的高温。

待冷却的组件接入冷却液循环回路内，以便保持组件所要求的最高温度水平。电机控制器所要求的温度比电机低，因此选择按该顺序串联。由于电动驱动装置和车载充电器不同时运行，因此选择了并联。增程电机和增程电机控制器首先串联连接。由于这两个组件与车载充电器和电机控制器不同时运行，因此与其串联连接。

此外冷却系统也无需针对所有热功率之和进行设计，因为实际上只需在一个或两个并联支路中排出热量。在装有增程器的车辆上，冷却液循环回路内带有用于冷却 W20 发动机的冷却液制冷剂热交换器。驱动组件冷却液循环回路内的冷却液通过一个电动冷却液泵（80 W）进行泵送，经过五个驱动组件以及必要时还经过冷却液制冷剂热交换器。如果行驶风不足以冷却散热器内的冷却液，还会通过接通电子风扇辅助冷却，电子风扇功率为 400W。

动力电池组充电期间，会自动接通冷却液泵及电子风扇。因此打开机舱盖进行冷却模块作业时不允许为动力电池组充电。由于电机控制器和车载充电器内转换的电功率较大，因此也会产生热量。必须借助在此所述的冷却液循环回路排出热量。因此充电期间电机控制器和车载充电器内温度相对较高时，也会接通电动冷却液泵和电子风扇。

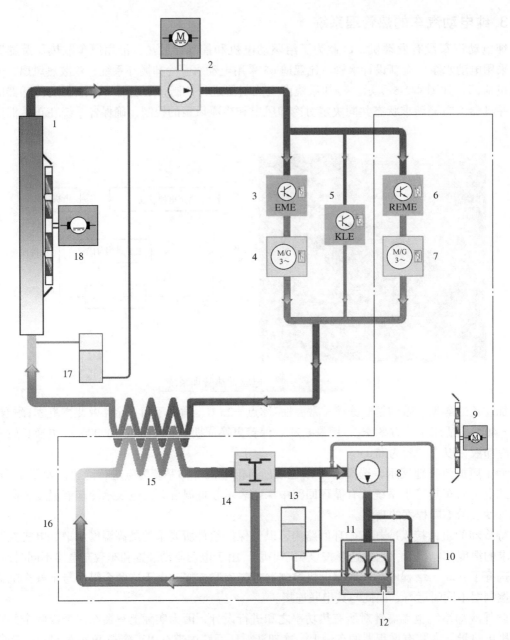

1—散热器 2—电动冷却液泵（80W） 3—电机控制器 EME 4—电机 5—车载充电器 KLE
6—增程电机控制器 REME 7—增程电机 8—机械冷却液泵
9—用于增程器冷却总成（冷却液制冷剂热交换器）的附加电风扇 10—机油冷却液热交换器
11—增程器（W20 发动机） 12—冷却液温度传感器 13—内燃机补液罐 14—节温器
15—用于增程器的冷却液制冷剂热交换器 16—该区域仅限于带有增程器时 17—高压驱动组件补液罐
18—用于散热器的电子风扇

图 4-2-6 宝马 i3 驱动组件冷却系统概览（选装所有配置）

与传统车辆常用冷却系统不同，冷却液温度不作为控制功能输入参数使用。因此宝马 i3 电动驱动装置冷却系统内没有冷却液温度传感器。而是根据所列输入参数和当前冷却需求控制电动冷却液泵和电子风扇。冷却液最高温度约为 85℃（电机回流管路）。因此与宝马内燃机冷却系统相比，温度水平也较低。增程器冷却循环回路具有较高温度，因此可通过冷却液制冷剂热交换器降低增程器冷却循环回路内的冷却液温度。在宝马 i3 上进行冷却系统作业前也必须采取常规预防措施。

四、任务实施

1. 任务准备

安全防护：做好车辆安全防护与隔离（车内外三件套、车轮挡块、警示隔离带等）。

工具设备：数字万用表、示波器、绝缘电阻表、绝缘防护用品、绝缘工具套装、常规工具套装。

台架车辆：比亚迪 e5 分控联动系统（行云新能 INW-EV-E5-FL）；比亚迪 e5 教学版和普锐斯整车。

辅助资料：维修手册、教材。

2. 实施步骤

2.1 热管理系统冷却液的检查与更换

2.1.1 车上检查

（1）检查冷却液是否泄漏（逆变器）

1）拆下储液罐盖。

注意：为避免烧坏的危险，逆变器的冷却液仍然很热时不要拆下储液罐盖。

2）安装散热器盖检测仪，如图 4-2-7 所示。

3）泵吸热器盖检测仪至 122kPa，然后检查并确认压力未下降。

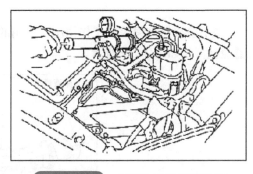

图 4-2-7　安装散热器盖检测仪

如果压力下降，则检查软管、散热器、水泵、带转换器的逆变器和混合动力车辆传动桥总成是否泄漏。

4）重新安装储液罐盖。

（2）检查储液罐内的冷却液液位（逆变器）

逆变器的冷却液为冷态时，冷却液应位于 L 和 F 刻度线之间。

如果冷却液液位过低，则检查冷却液是否泄漏，并加注丰田超级长效冷却液（SLLC），或类似的优质乙二醇基冷却液（采用长效复合有机酸技术制成且不含硅酸盐、胺、亚硝酸盐和硼酸盐）到 F 刻度线。

（3）检查冷却液（逆变器）

1）拆下储液罐盖。

注意：为避免烧坏的危险，逆变器的冷却液仍然很热时不要拆下储液罐盖。

2）检查储液罐盖和其开口上及周围是否有过多积锈或水垢。

如果过脏，则更换逆变器冷却液。

3）重新安装储液罐盖。

（4）检查储液罐盖

储液罐盖的结构如图 4-2-8 所示。

1）检查储液罐盖

① 如果 O 形圈上有水渍或异物，则用水和手指刷进行清洁。

② 检查并确认 O 形圈未变形、破裂或损坏。

2）检查储液罐盖的工作情况。专用的散热器盖检测仪如图 4-2-9 所示。

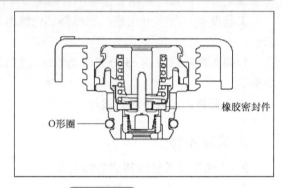

图 4-2-8　储液罐盖结构

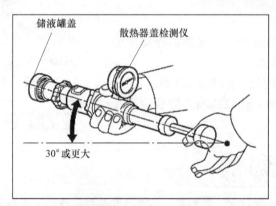

图 4-2-9　散热器盖检测仪

① 使用散热器盖检测仪前，在 O 形圈和橡胶密封件上涂抹冷却液（逆变器）。

② 将储液罐盖安装到散热器盖检测仪上。

③ 泵吸散热器盖检测仪数次，并检查最大压力。

判断标准见表 4-2-1。

表 4-2-1　检查储液罐盖标准

标准值（新盖）	94~122kPa（1.0~1.2kgf/cm^2）
最小标准（旧盖）	94kPa（1.0kgf/cm^2）
泵送	每秒泵送 1 次

项目 4　电驱动能量传递和热管理系统

注意：使用散热器盖检测仪时，应至少倾斜 30°。

如果最大压力低于最小标准值，则更换储液罐盖。

2.1.2　更换

（1）拆除附件并排空冷却液

在操作过程中要注意：不要重复使用排出的冷却液，因为其可能含有异物；收集排出的冷却液并测量冷却液量以建立基准；加注冷却液时，确保加注的冷却液量高于测量值。操作步骤如下：

1）拆下储液罐盖。

为避免烧坏的危险，逆变器的冷却液仍然很热时不要拆下储液罐盖。

2）用六角扳手（10mm）拆下图 4-2-10 所示的放液螺塞并排空冷却液。

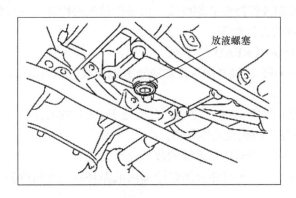

图 4-2-10　放液螺塞

行驶后立即处理冷却液或在夏天处理冷却液时必须小心，因为它可能很烫。

3）用新衬垫安装螺塞。

（2）加注冷却液

操作步骤如下：

1）缓慢地将冷却液注入储液罐至 F 刻度线，如图 4-2-11 所示。

注意：冷却液量为2.1L。

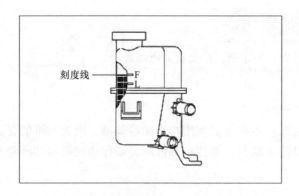

图4-2-11　储液罐刻度线

2）使用智能检测仪的方法如下：
① 将智能检测仪连接到DLC3。
② 将电源开关置于ON（IG）位置。
③ 进入智能检测仪的以下菜单：Powertrain/Hybrid Control/Active Test/Activate Water Pump。
④ 使储液罐中的冷却液保持在F刻度线，以补偿放气时冷却液液位的下降。
3）不使用智能检测的方法如下：
① 将电源开关置于ON（READY）位置。
② 将电源开关置于OFF位置并加注冷却液至F刻度线，因为冷却液液位会因放气而下降。
注意：
加注前务必将电源开关置于OFF位置，车辆处于READY-ON状态时，不要操作发动机室中的部件，因为发动机处于间歇性工作状态。
③ 重复以上两个步骤，直至冷却系统的放气操作完成。
标准：水泵产生的噪声变小且储液罐中冷却液的循环状况有所改善时，逆变器冷却系统中的空气完全放出。

水泵产生的噪声较大且储液罐中冷却液的循环不流畅表示冷却系统中存在空气。

4）冷却系统完全放气后，紧固储液罐盖。
（3）检查冷却液是否泄漏并安装相关附件
冷却液加注完毕，需要检查冷却液是否泄漏，并安装好相关附件。
2.2　热管理系统冷却水泵的更换
丰田普锐斯的热管理系统冷却水泵的安装要求如图4-2-12所示。更换步骤如下：

项目 4　电驱动能量传递和热管理系统

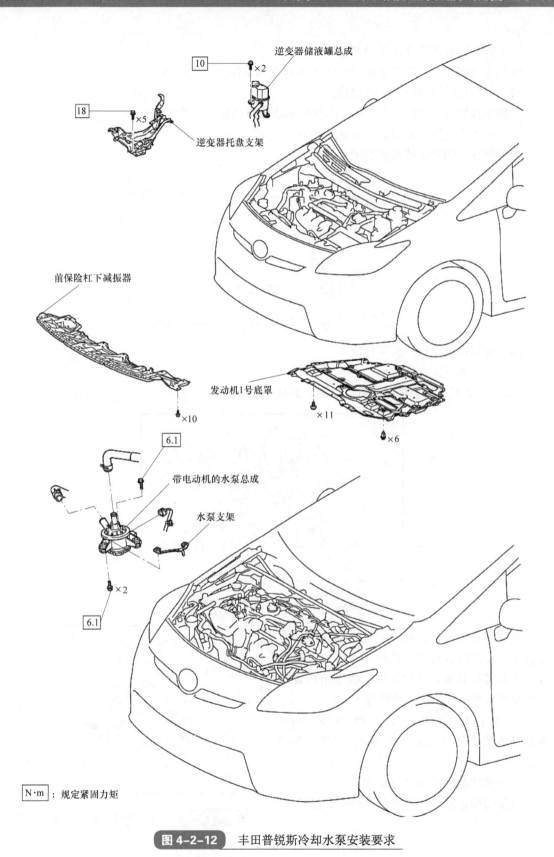

图 4-2-12　丰田普锐斯冷却水泵安装要求

（1）拆除所有附件并排空冷却液
详细步骤请参考"热管理系统冷却液的检查与更换"相关内容。
（2）拆卸带转换器的逆变器总成
详细步骤请参考"项目3　电机控制器的结构与检修"相关内容。
（3）拆卸逆变器储液罐总成和逆变器托盘支架
相关部件结构和安装要求如图4-2-13所示。

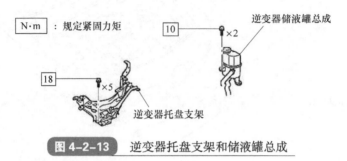

图4-2-13　逆变器托盘支架和储液罐总成

（4）拆卸带电动机的水泵总成
操作步骤如下。
1）断开2根水软管和连接器，如图4-2-14所示。

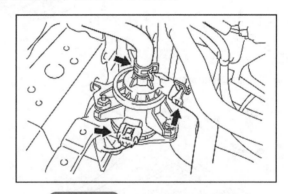

图4-2-14　断开水软管和连接器

在线束和带电动机的逆变器水泵总成的连接器上粘贴绝缘胶带以防止冷却液进入。将布放入水泵管口和断开的软管中，或用塑料袋遮盖水泵管口和软管以防止异物进入。

2）拆下3个螺栓（紧固力矩：6.1N·m）、带电动机的水泵总成和水泵支架，如图4-2-15所示。

（5）按照相反顺序进行安装
安装时要注意冷却液的泄漏检查和排气。

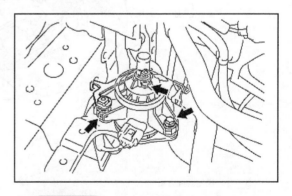

图4-2-15　拆下螺栓、水泵总成和支架

参 考 文 献

[1] 郑军武，吴书龙. 新能源汽车技术 [M]. 长春：东北师范大学出版社，2016.

[2] 节能与新能源汽车技术路线图战略咨询委员会，中国汽车工程学会. 节能与新能源汽车技术路线图 [M]. 北京：机械工业出版社，2016.

[3] 王显廷. 新能源汽车电气系统检修 [M]. 北京：机械工业出版社，2016.

[4] 何忆斌，侯志华. 新能源汽车驱动电机技术 [M]. 北京：机械工业出版社，2017.

[5] 曾鑫，刘涛. 新能源汽车动力电池与驱动电机 [M]. 北京：人民交通出版社，2017.

[6] 张之超，邹德伟. 新能源汽车驱动电机与控制技术 [M]. 北京：北京理工大学出版社，2016.

读者沟通卡

一、申请课件

本书附赠教学课件供任课教师采用,可在机械工业出版社教育服务网(www.cmpedu.com)注册后免费下载;也可扫描二维码关注"爱车邦"微信订阅号获取课件。

爱车邦

免费下载 教学课件、学习视频、海量学习资料
➢ 扫描二维码,关注"**爱车邦**"
➢ 点击"粉丝互动"→"视频课件"

二、机工汽车教师服务群

任课教师可加入"机工汽车教师服务群",与教材主编、编辑直接沟通交流。"机工汽车教师服务群"提供最新教材信息、教材特色介绍、专业教材推荐、样书申请、出版合作等服务。

QQ 群号码:633529383,本群实行实名制,请以"院校名称+姓名"的方式申请加入。

三、微信购书

扫描二维码进入小程序"机械工业出版社有赞旗舰店",即可购买机械工业出版社汽车图书。

四、意见反馈和编写合作

联 系 人:谢元
电   话:010-88379349
电子信箱:22625793@qq.com
地   址:北京市西城区百万庄大街 22 号汽车分社
邮   编:100037